DER UMFASSENDE RATGEBER FÜR LABRADOODLES

Joanna de Klerk

www.lpmedia.org

Veröffentlichungsdaten

Joanna de Klerk

Der Umfassende Ratgeber Für Labradoodles ---- Erste Ausgabe.

Zusammenfassung: "Einen Labradoodle erfolgreich vom Welpen bis ins hohe Alter aufziehen" --- Bereitgestellt vom Verlag.

ISBN: 979-8-89818-031-7

[1. Labradoodles --- Sachbuch] I. Titel.

Entworfen von Sorin Rădulescu

Erste deutsche Ausgabe, 2025

TABLE OF CONTENTS

Contents

KAPITEL 1
Ursprung und Geschichte

Mit seinem zotteligen Charme, seinem überschwänglichen Charakter, seiner Freundlichkeit, der hohen Intelligenz und seiner großen Persönlichkeit ist es kaum zu glauben, dass einer der beliebtesten Hunde der Welt, der Labradoodle, erst seit 1989 existiert. Dieses gutmütige Energiebündel hat sich so schnell in die Herzen der Menschen eingeschlichen, dass nur wenige wissen, dass der Labradoodle immer noch ein relativer Neuling unter den Hunderassen ist. Und mit diesem vergleichsweise jungen Status kommen eine ganze Reihe einzigartiger Faktoren, die jeder bedenken sollte, der einen Labradoodle in sein Leben aufnehmen möchte.

Wally Conrons Geschichte

Obwohl Pudel-Mischlinge im Laufe des zwanzigsten Jahrhunderts und darüber hinaus gelegentlich gezüchtet wurden, gilt Wally Conron als derjenige, der die erste gezielte Kreuzung zwischen Labrador und Pudel auf ein bestimmtes Ziel hin schuf.

Wally Conron hatte Erfahrung in der Zucht von hauptsächlich Labradoren und Retrievern, die als Blindenführhunde ausgebildet wurden. Ende der 1980er Jahre stand er jedoch vor einer Herausforderung: Eine blinde Frau aus Hawaii benötigte einen Führhund, aber ihr Mann litt unter einer Hundeallergie und konnte keinen stark haarenden Labrador Retriever im Haus haben. Wally richtete seine Aufmerksamkeit auf eine Hunderasse, die als weitgehend hypoallergen bekannt war: den Großpudel. Trotz bester Bemühungen erwies es sich als unmöglich, den eigensinnigen Pudel zum Führhund auszubilden. Was benötigt wurde, war die Trainingsbereitschaft des Labradors und das hypoallergene Fell des Pudels. Zu dieser Zeit war Wally Leiter der Welpenaufzucht bei der Royal Guide Dog Association of Australia. In seiner Not kreuzte Wally einen Pudel-Rüden mit einer Labrador-Hündin: Der erste Wurf von Labrador-Pudel-Mischlingen wurde geboren. Tatsächlich löste von diesen drei Welpen nur einer keine allergische Reaktion beim Ehemann der blinden Frau aus. Dennoch war es ein vielversprechender Durchbruch. Man konnte endlich angehen, Assistenzhunde auch für Haushalte bereitzustellen, in denen jemand unter einer Allergie leidet.

*Foto von
Jessica Gerrin*

Leider stieß Wally mit seinen neuen Wunderwelpen sofort auf ein Problem für sein Zuchtprogramm: Keine der Familien, die an der Aufzucht und Ausbildung von Blindenführhunden beteiligt waren, wollte einen Mischling übernehmen. Also musste Wally die PR-Trommel rühren. In einem Geistesblitz erfand er den Namen „Labradoodle", um die Labrador-Pudel-Kreuzung als neue Rasse vorzustellen. Die Resonanz war überwältigend und plötzlich wollte jeder den neuen Wunderhund haben!

Die Anfangsjahre

Wallys Probleme mit der neuen Rasse des Labradoodle waren damit jedoch nicht vorbei. In den Anfangsjahren war die Rasse ein einfacher Hybrid, das Ergebnis einer simplen Kreuzung zwischen Labrador und Pudel, und folglich waren die Ergebnisse alles andere als vorhersehbar. Selbst innerhalb desselben Wurfs konnten die Welpen verschiedene Felltypen aufweisen: vom stark haarenden Labradorfell über das mittlere, wellige, fleeceartige Fell bis hin zur lockigen, aber pflegeintensiven, pudelähnlichen Wolle.

Foto von
Nicole Grullon Garcia

Und ohne die einzelnen Welpen zu testen, war es unmöglich zu sagen, welche sich als hypoallergen erweisen würden. Falls überhaupt einer der Welpen aus einem Wurf hypoallergen war. Zudem konnte man bei einem neugeborenen Welpen aufgrund der Fellveränderungen, die üblicherweise im Alter von 6–8 Monaten auftreten, nicht sicher sein, ob sein Fell auch im Erwachsenenalter dieselben Eigenschaften haben würde.

Wally stieß bei der Erschaffung dieser neuen Rasse zudem weiterhin auf Widerstand vom Kennel Club, da nur sehr wenige Züchter von qualitativ hochwertigen, registrierten Großpudeln ihre Deckrüden für das Programm zur Verfügung stellen wollten. Diejenigen, die es taten, bestanden darauf, anonym zu bleiben.

Das Erfordernis reinrassiger Pudelrüden und die Variabilität innerhalb eines Wurfs wurden teilweise dadurch angegangen, dass Labradoodles später mit anderen Labradoodles gekreuzt wurden, anstatt mit der ursprünglichen Labrador-Pudel-Kreuzung, aber dennoch blieb jeder Wurf ein Glücksspiel. Wallys akribisch sorgfältiges Zuchtprogramm stellte jedoch sicher, dass nur die allerbesten Elterntiere für die Paarung ausgewählt wurden, wobei beide Tiere auf genetische Erkrankungen untersucht und getestet wurden und die besten Temperamente besaßen. Wally nannte seine Labradoodles der zweiten Generation „Doubledoodles" und die nachfolgende Generation „Tripledoodles". Allerdings züchtete er insgesamt nur 31 Labradoodles für die Royal Guide Dogs (von denen 29 zu ausgebildeten Assistenzhunden wurden). Dafür gab es mehrere Gründe. Einerseits stieß Wally bei seiner Arbeit auf heftigen Widerstand vom Kennel Club und dessen Anhängern. Dazu kam, dass der einzige Zweck für die Erschaffung des Labradoodle darin bestand, den speziellen Bedarf an hypoallergenen Blindenhunden zu decken. Doch Wallys Herz schlug eigentlich für Labrador Retriever. Schließlich ging Wally in den Ruhestand, ohne die Registrierung des Labradoodles beim Kennel Club erreicht zu haben. Leider hat sich an dieser Situation bis heute nichts verändert.

Leider gibt es aber noch einen düstereren Grund für Wally Conrons Entscheidung, der von ihm geschaffenen Rasse den Rücken zu kehren: seine persönliche Überzeugung, dass der Erfolg seiner PR ein „Frankenstein-Monster" geschaffen hat. Er beobachtete bald, dass jeder skrupellose Hinterhofzüchter schnell auf den Labradoodle-Zug aufsprang, als sie erkannten, wie viel Geld mit der Produktion des neuen Designer-Wunderhundes verdient werden konnte. Der Labradoodle war mit dem coolen Namen und dem geruchslosen, nicht haarenden, hypoallergenen Fell zu einer Gelddruckmaschine geworden.

Foto von
Courtney Brock

Es ist wichtig, dass jeder potenzielle Besitzer versteht, warum die sorgfältige Auswahl eines Labradoodles von entscheidender Bedeutung ist. Dies liegt nicht nur daran, dass du einen gesunden und gutmütigen Begleiter haben möchtest, mit dem du viele glückliche Jahre teilen kannst, sondern auch daran, dass du nicht unbeabsichtigt diese Art von Geldmacherei fördern willst. Denn eben jene Hinterhofzüchter schaden der Rasse und erzeugen mit ihren schlecht gezüchteten Welpen ein unvorstellbares Maß an Elend. Solange der Labradoodle keine registrierte Rasse ist, sind die Kontrollen und Ausgleichsmaßnahmen, die den beim Kennel Club und dem FCI (Fédération Cynologique Internationale) registrierten Züchtern auferlegt werden, freiwillig. Doch genau diese Kontrollen und Regelungen stellen sicher, dass nur die gesündesten Elterntiere zur Zucht verwendet werden und dass die Welpen unter geeigneten Bedingungen aufgezogen werden. Ohne Anerkennung der Rasse gibt es keine registrierten Züchter und somit keine angemessenen und flächendeckenden Kontrollmechanismen.

Glücklicherweise gibt es weltweit viele verantwortungsbewusste Züchter, die den Labradoodle ins Herz geschlossen haben und sich dafür einsetzen, gesunde, glückliche, ausgeglichene Familienhunde mit all den positiven Eigenschaften zu züchten, die ein Labradoodle repräsentieren sollte. Diese Züchter haben nur eine geringe Anzahl von Würfen, damit sie ihre Welpen richtig aufziehen und sozialisieren können. Sie gehen über die Standardgesundheitstests für Elterntiere und Welpen hinaus, investieren in ihre Zuchttiere und in die Zukunft aller Welpen, die ihren Zwingernamen tragen. Es bleibt am Ende jedoch die Aufgabe potenzieller Besitzer, jeden Züchter sorgfältig zu prüfen, egal wie etabliert er ist, um sich von seiner Ethik und seinen Tierschutzstandards zu überzeugen.

Es gibt immer noch eine sehr große Variation innerhalb der Rasse, sowohl zwischen als auch innerhalb der Länder. Der australische Labradoodle beispielsweise hat sich weit von der ursprünglichen Labrador-Pudel-Kreuzung entfernt. Australische Labradoodles sind jetzt multigenerational und viele enthalten auch die Genetik anderer Rassen, wie die des Irish Water Spaniels und sogar des Afghanischen Windhunds. Durch die Verfeinerung der Rasse mittels selektiver Linienzucht konnte der Australian Labradoodle Club den ersten Rassestandard erstellen, um zukünftig Einheitlichkeit zu fördern.

In Amerika und Großbritannien sind Labradoodles im Allgemeinen noch direkte Labrador-Pudel-Kreuzungen. Allerdings wurden weitere Variationen erzeugt, indem die Größe des für die Paarung verwendeten Pudels variiert wurde, sodass Labradoodles nicht mehr unbedingt große Hunde sein müssen. Dies kann die Rasse für Haushalte attraktiver machen, in de-

nen die Haltung einer großen Rasse unpraktisch wäre. Labradoodles gibt es auch in einer Vielzahl von Fellfarben, zusätzlich zu den drei Texturen Haar-, Fleece- und Wollfell.

Viele glauben, dass die Hunde gesünder sind, wenn man so nah wie möglich an der ursprünglichen Hybridkreuzung bleibt, obwohl die Ergebnisse weniger vorhersehbar sind. Aus diesem Grund sollte niemand mit einer Hundeallergie davon ausgehen, dass ein Labradoodle hypoallergen ist, sondern einen Tag beim Züchter verbringen, um sicherzugehen „Hypoallergen", „nicht haarend" und „geruchlos" sind nach wie vor starke, aber oft eben falsche Marketingbehauptungen. Kein Hund ist vollständig hypoallergen, unabhängig von der Rasse. Einige Rassen, wie Labradoodles, sind einfach für Menschen mit Allergien besser geeignet als andere.

Eines jedoch sollte bei der Rasse konstant sein: das liebevolle und ausgeglichene Temperament. Gut gezüchtete Labradoodles werden niemals aggressiv sein und sind ideale Familienhunde. Wenn du deinen neuen besten Freund sorgfältig auswählst, sind dir und deiner Familie viele Jahre voller Spaß und bedingungsloser Liebe garantiert!

***

Die kurze, aber intensive Geschichte des Labradoodles zu verstehen, ist relevant für die Entscheidung, einen in dein Leben aufzunehmen. Solltest du dich für einen Labradoodle entscheiden, dann ist es wichtig, die vielen möglichen Fallstricke bei der Suche nach deinem perfekten Begleiter zu vermeiden. Neben Zuchtproblemen mag der Preis abschreckend sein, aber verstehe, dass aufgrund der Willkürlichkeit der Labradoodle-Zucht viele Hunde in Tierheimen landen, weil sie sich plötzlich als nicht hypoallergen erweisen, zu groß werden oder Verhaltensprobleme zeigen. Einige Züchter verkaufen sogar Hunde zu einem reduzierten Preis, wenn diese nicht dem angestrebten Standard entsprechen. Die Welpen werden aber entweder bereits kastriert sein oder mit einem Vertrag zur Kastration kommen, um unerwünschte Eigenschaften aus dem Genpool zu entfernen. Wenn du also nicht nach Perfektion suchst, leistest du möglicherweise einen wertvollen Dienst, indem du dein Leben und dein Zuhause für einen ungewollten Hund öffnest – vorausgesetzt, du hast die Erfahrung und emotionale Widerstandsfähigkeit, um mit den damit verbundenen Problemen umzugehen.

Dieses Buch führt dich durch alle wichtigen Punkte im Entscheidungsprozess für einen Labradoodle und bietet dir Unterstützung in allen wichtigen Lebensphasen deines Hundes: von der Erziehung über die Pubertät und das Erwachsenenalter bis hin zum Abschied von einem treuen Begleiter. Die Jahre mit deinem Labradoodle werden sicherlich für euch beide voller Freude sein, solange du dir die Zeit nimmst, alles Notwendige zu lernen, bevor du deinen neuen Hund nach Hause bringst.

KAPITEL 2
Der Labradoodle

„Labradoodles sind intelligente Hunde, die in der Regel leicht zu erziehen sind und ein gutes Wesen besitzen. Sie sind gesellig, sensibel und treu. Ihr einzigartigstes körperliches Merkmal ist ein wellig wachsendes Fell, das typischerweise allergikerfreundlich ist und nicht haart."

Spring Creek Labradoodles

Verspielt, intelligent und lernwillig: Wer möchte nicht einen Labradoodle haben? Leider ist das Hauptproblem bei dieser Rasse, dass sie sich noch in ihren Anfängen befindet und daher die Einheitlichkeit fehlt. Nur weil ein Labradoodle ein bestimmtes Temperament hat, bedeutet das nicht, dass der nächste genauso sein wird. Es gibt enorme Unterschiede zwischen den geografischen Typen von Labradoodles und den Generationen, was zu einer Vielfalt in Größe, Farbe und Temperament führt. In diesem Kapitel werden wir uns die Unterschiede innerhalb der Rasse genauer ansehen.

Foto von
Brittany Kerr

Typen

Wie in Kapitel 1 besprochen, entstand der Labradoodle in Australien. Dafür wurden ein Labrador und ein Pudel gekreuzt, um den ursprünglichen F1 (erste Generation) Labradoodle zu erzeugen. Nachdem sich der Labradoodle-Trend jedoch weltweit verbreitet hat, gibt es nun einige deutliche geografische Unterschiede.

Geografische Typen

Amerikanisch

Die USA beanspruchen ihre eigene Version der Rasse, bekannt als American Labradoodle. Dabei handelt es sich um Labradoodles, die aus beim American Kennel Club (AKC) registrierten Labradoren und Pudeln gezüchtet wurden. Sie werden normalerweise nicht als American Labradoodles bezeichnet, wenn es sich nicht um eine Erstkreuzung handelt.

Britisch

Ähnlich wie in den USA verwendet man im Vereinigten Königreich die Bezeichnungen British Labradoodles, English Labradoodles oder UK Labradoodles. Auch hier bezieht sich dies auf eine Erstkreuzung zwischen einem registrierten Labrador und einem Pudel, nicht auf multigenerationale Labradoodles.

Australisch

Obwohl der Labradoodle technisch gesehen eine Kreuzung zwischen einem Labrador und einem Pudel ist, hat der Australian Labradoodle auch einige andere Rassen in seiner Blutlinie. Dazu gehören der English Cocker Spaniel, der American Cocker Spaniel und der Irish Water Spaniel. Infolgedessen weist der Australian Labradoodle im Vergleich zu anderen Labradoodles weltweit einige genetische Variationen auf.

Multigenerationale Australian Labradoodles, die aus der Verpaarung zweier anderer Labradoodles entstehen, sind in ihrem genetischen Aufbau einheitlicher. Ihre Fellstruktur ist in der Regel nicht haarend und wellig oder lockig, nicht glatt.

Größentypen

Die Größen von Labradoodles können aufgrund der verschiedenen Pudeltypen, die in den Genpool eingeflossen sind, stark variieren. Wenn du einen Labradoodle kaufst, bedeutet das also nicht automatisch, dass du einen kleinen oder großen Hund bekommst.

Foto von Donnie Padgett

Standard

Der Standard-Labradoodle ist der größte von allen. Die Widerristhöhe kann 53 cm bis 63 cm betragen, wobei die Hündin innerhalb dieser Größenspanne etwas kleiner ist als der Rüde. Ein normaler Gewichtsbereich liegt bei 23 kg bis 30 kg; allerdings können die Hunde auch deutlich größer werden.

Medium

Der mittelgroße Labradoodle hat eine Widerristhöhe von 43 cm bis 52 cm und wiegt 13 kg bis 20 kg. Auch hier ist die Hündin in der Regel kleiner als der Rüde.

Miniatur

Miniatur-Labradoodles stammen meist aus Kreuzungen mit Zwergpudeln und können daher sehr klein sein. Die Widerristhöhe beträgt normalerweise 35 cm bis 42 cm und das Gewicht liegt zwischen 7 kg und 13 kg.

F-Zahlen

Wenn du von Labradoodles gehört hast, hast du sicherlich auch von F-Zahlen gehört. Aber all das Gerede über F-Zahlen kann verwirrend sein. F steht für „filial", was vom lateinischen Wort *filius* (Sohn) abgeleitet ist. Frei übersetzt bedeutet es „in Bezug auf einen Sohn oder eine Tochter".

Was sind F-Generationen?

Ein F1-Labradoodle bezeichnet die Erstkreuzung eines Labradors mit einem Pudel. Die ursprünglichen Kreuzungen können etwas variabel sein, da die Hälfte der Gene vom Labrador und die andere Hälfte vom Pudel stammt, anstatt dass alle Gene von Labradoodles kommen. Ein F1-Labradoodle haart oft stark, obwohl manche Besitzer von F1-Labradoodles Glück haben können und einen bekommen, der mehr von den Pudel-Genen in Bezug auf das Haarverhalten erbt.

Viele Experten glauben, dass die F1-Generation gesünder ist als reinrassige Generationen. Dies wird als Hybridvigor bezeichnet. Das ist teilweise ein Mythos, denn ein gesunder Welpe stammt von zwei gesunden Eltern ab, die keine genetischen Probleme aufweisen. Diejenigen, die an den Hybridvigor glauben, meinen jedoch, dass nur die F1-Generation davon profitiert und dass der Labradoodle diesen Vorteil umso mehr verliert, je multigenerationaler er ist.

Nach der F1-Generation werden die nachfolgenden Generationen entsprechend der niedrigsten Nummer der Eltern benannt, indem die nächsthöhere Zahl hinzugefügt wird. Ein F2-Labradoodle könnte beispielsweise aus zwei F1-Labradoodles gezüchtet sein oder aus einer Kreuzung eines F1 mit einem F2, F3 oder F4 usw. entstehen. Und ebenso ist ein F3-Labradoodle der Nachkomme eines F2, der mit einem F2, F3, F4 oder F5 usw. gekreuzt wurde. Sobald die Zahlen in die Vielfachen gehen, spricht man von einer Multigenkreuzung oder von einer multigenerationalen Kreuzung. Diese sind äußerst beliebt, da bei multigenerationalen Labradoodles von einem guten Züchter das Erscheinungsbild, der Felltyp und das Temperament deutlich einheitlicher und vorher-

Foto von
Courtney Nadeau

Foto von
Robin Norman

sehbarer sind. Daher können sie teuer sein und sogar mehrere zehntausend Euro kosten.

Was sind B-Generationen?

Bei B-Generationen wird die Zucht komplizierter. Das B steht für Backcross (Rückkreuzung). Eine Rückkreuzung erfolgt, wenn ein Labradoodle mit einer der ursprünglichen Rassen, einem Pudel oder einem Labrador, zurückgekreuzt wird. Am häufigsten ist dies ein Pudel, um die Locken und die Qualität des Fells zu verbessern. Dadurch kann der Labradoodle jedoch prozentual mehr Pudel als Labrador werden. Spätere Generationen von Rückkreuzungen können mit einer ursprünglichen Rasse oder einer Labradoodle-Rückkreuzung gekreuzt werden. Zum Beispiel:

F1B (1. Generation Rückkreuzung) = F1 Labradoodle × Pudel

F2B (2. Generation Rückkreuzung) = F1 Labradoodle × F1B Labradoodle oder F2 Labradoodle × Pudel

Lebenserwartung

Labradoodles sind relativ langlebige Hunde mit einer durchschnittlichen Lebenserwartung von 12–15 Jahren. Je kleiner der Typ, desto länger leben sie in der Regel. Allerdings spielen viele Faktoren bei der Betrachtung der Lebensdauer eine Rolle, darunter Genetik, Bewegung, Ernährung und Gesundheitszustand.

Farben

Eine der häufigsten Uneinheitlichkeiten innerhalb der Labradoodle-Rasse ist das Erscheinungsbild des Fells. Es gibt eine große Vielfalt an möglichen Farben und Fellstrukturen: glattes, haarartiges Fell, ähnlich dem eines Labradors; welliges Vliesfell oder ein lockiges Wollfell, das stark an einen Pudel erinnert. Daher gibt es keine Garantie dafür, wie ein Labradoodle-Welpe letztendlich aussehen wird. Es gibt viele verschiedene Farbtypen und es ist üblich, dass ein Wurf viele Variationen aufweist. Die Farbe eines Welpen kann sich im Erwachsenenalter auch entwickeln oder verändern.

Red
Ein roter Labradoodle hat eine auffallend satte Fellfarbe. Das Fell hat einen kastanienbraunen Farbton und die Nase ist schwarzer.

Apricot

Ein Apricot-Labradoodle hat ein satt dunkelgoldenes Fell, das dem Inneren einer reifen Aprikose ähnelt. Die Nase ist immer schwarz.

Karamell

Karamell ist eine beliebte und häufige Farbe. Karamellfarbene Labradoodles haben in der Regel braune Nasen und eine Fellfarbe, die zwischen einem hellen Gelb und einem Gelb mit rötlichem Schimmer liegt. Der Unterschied zu anderen Labradoodles mit ähnlicher Fellfarbe liegt in der Farbe der Nase.

Creme

Creme ist eine ähnliche Farbe wie Karamell, nur etwas heller. Der Hauptunterschied besteht darin, dass die Nase schwarz ist.

Blue

Blaue Welpen werden mit einem schwarzen Fell mit blauer Pigmentierung und schwarzen Nasen geboren. Das „blaue" Fell eines Labradoodles entwickelt sich in den ersten Jahren.

Silber

Es ist schwer zu erkennen, ob ein Welpe silbern wird, da die Hunde in den ersten Lebensjahren normalerweise schwarz sind. Die Farbe kann von einem hellen Zinn bis zu einem dunklen Anthrazit variieren. Silberne Labradoodles haben schwarze Nasen.

Kreide

Wie der Name schon sagt, ist diese Farbe ein gebrochenes Weiß mit schwarzer Nase, ähnlich wie beim Pudel.

Schokolade

Schokoladen-Labradoodles haben ein dunkelbraunes Fell, obwohl viele mit dem Alter heller werden.

Café

Diese Farbe ist fast beige, ähnlich der Farbe von Pergament, aber etwas gelblicher. Die Nase hat eine braun-rosafarbene Tönung.

Lavendel

Diese Farbe entspricht einem sehr hellen Schokoladenbraun, das bei bestimmtem Lichteinfluss einen rosa oder lavendelfarbenen Schimmer abgibt. Die Nase ist braun-rosa gefärbt.

Schwarz

Schwarze Labradoodles haben auch schwarze Nasen und sind einfarbig, ohne andere Farben im Fell.

Pergament

Pergament ist eine ungewöhnliche Farbe, ähnlich wie Kaffee mit viel Milch. Es ist normalerweise ein dunkles, staubiges Braunbeige, kann aber auch eine ähnliche Farbe wie ein Schokoladen-Labradoodle haben. Die Nase ist braun-rosa gefärbt.

Gemischt

Gemischte Farben können entweder „Parti" sein, was weiß mit Flecken oder Patches einer Vollfarbe bedeutet, oder „Phantom", was eine einfarbige Grundfarbe mit einer zweiten Farbe über jedem Auge, an den Seiten der Schnauze, an Brust und Beinen bedeutet.

Hypoallergene und nicht haarende Felle

„Ach, und es gibt übrigens keinen (vollständig) hypoallergenen Hund. Viele Menschen mit Allergien reagieren weniger oder gar nicht auf Labradoodles, aber sie sind nicht allergiefrei."

Carolyn DeBar
Doodle Around

Eines der herausstechendsten Merkmale des Labradoodles ist sein hypoallergenes, nicht haarendes Fell. Ein sogenanntes hypoallergenes Fell ist eines, das minimal haart und keine oder minimal Schuppen wirft. Wenn die Züchter jedoch nicht überaus sorgfältig bei ihrer genetischen Überwachung waren und einzelne Welpen getestet haben, ist es unmöglich sicherzustellen, ob es sich um einen echten hypoallergenen und nicht haarenden Hund handelt. Inzwischen wurde jedoch ein Gentest entwickelt, der nach dem IC-Gen (improper coat/ungeeignetes Fell) sucht. Dieser Test stellt fest, ob zwei Eltern Nachkommen mit unerwünschten Felltypen hervorbringen könnten.

Rassestandard

Da der Labradoodle noch nicht als offizielle Rasse anerkannt ist und stattdessen als Hybrid oder Designerrasse gilt, haben weder die Fédération Cynologique Internationale (FCI) noch der Verband für das Deutsche Hundewesen (VDH) einen offiziellen Standard für die Rasse festgelegt. In Deutschland bedeutet dies leider, dass dein Labradoodle nicht beim VDH registriert werden kann und damit auch keine Zulassung zu offiziellen Aus-

stellungen oder Wettkämpfen hat (Stand 2025). Wenn du dazu genauere Informationen benötigst, wende dich am besten direkt an den VDH oder an
einen Labradoodle-Verein in deiner Nähe, denn die Richtlinien können sich
mit der Zeit ändern.

Dennoch gibt es in Deutschland alternative Möglichkeiten für Labradoodle-Besitzer. Verschiedene Hundevereine und private Organisationen
bieten Aktivitäten wie Agility, Rally Obedience, Mantrailing oder Hundesport
an, bei denen auch Mischlinge willkommen sind. Auch bei Hundeausstellun-
gen für Mischlinge oder Fun-Turnieren kann dein Labradoodle teilnehmen
und seine Fähigkeiten unter Beweis stellen.

In den USA hingegen kann man seinen Labradoodle beim AKC registrieren, obwohl es dort ebenfalls keinen Rassestandard gibt. Der AKC hat ein
Programm namens „Canine Partners", das alle Arten von Hunden einbe-
zieht. Bei der Anmeldung erhältst du ähnliche Vorteile wie bei der traditionellen Registrierung.

Der British Kennel Club erlaubt Kreuzungen ebenfalls, sich im Activity
Register zu registrieren, um an Veranstaltungen teilnehmen zu können, hat
aber noch keinen Rassestandard für den Labradoodle veröffentlicht.

Der einzige verfügbare Rassestandard stammt von der Australian Labradoodle Association. Dieser ist relevant für Australian Labradoodles, die
auch andere Rassen in ihrer Genetik haben. Europäische und amerikani-
sche Labradoodles haben jedoch noch keinen einheitlichen Standard, dem
sie entsprechen müssen.

The Australian Breed Standard for the Labradoodle (2007)

Erscheinungsbild: Muss athletisch und anmutig erscheinen mit einem kompakten Körper, der Substanz mit mittlerem Knochenbau zeigt.
Sollte weder plump oder schwer noch übermäßig fein wirken. Ein charak-
teristisches Merkmal dieser Rasse ist das Fell, das nicht haart und leicht
zu pflegen ist.

Temperament: Äußerst klug, gesellig, lustig, fröhlich, energiegeladen
bei Freilauf, aber sanft und ruhig, wenn er angefasst wird. Die Hunde sollten Menschen auf freundliche, fröhliche Weise begegnen, aufmerksam und
leicht zu erziehen sein. Sie sollten ein Gespür für den aktuellen emotionalen Zustand oder die Bedürfnisse ihrer Familienmitglieder oder Halter zeigen. Genau diese Fähigkeit hat den Australian Labradoodle zu einem ausgezeichneten Hund für Menschen mit besonderen Bedürfnissen gemacht.

Körper: Der Körper sollte zum Widerrist wie zur Länge (vom Brustbein
zum Gesäßhöcker) quadratisch und kompakt erscheinen. Tiefe Brust mit

guter Wölbung. Es sollte eine gute Aufziehung der Bauchlinie geben. Die Lenden sollten stark und muskulös sein.

Kopf: Der Kopf ist mäßig breit mit gut definierten Augenbrauen. Der Stop (Übergang von Schnauze zu Schädel) sollte mäßig sein, mit weit auseinander stehenden Augen. Der Kopf sollte von mäßiger Breite sein; ausgeprägt, aber nicht überdefiniert. Das Gesicht sollte kürzer erscheinen als der Schädel. Der Kopf sollte klar geschnitten ohne fleischige Wangen sein. Der gesamte Kopf muss im Verhältnis zur Größe des Hundes stehen.

Ohren: Groß, ausdrucksvoll und leicht gerundet.

Mund: Gebiss muss ein Scherenbiss sein. Die oberen Zähne sollten die unteren Zähne gerade überlappen.

Nase: Sollte groß, quadratisch und kräftig sein.

Gebiss: Scherenbiss. Vor- oder Rückbiss ist ein schwerwiegender Fehler. Gedrängte Zähne bei Miniaturhunden sind ein Fehler.

Vorderhand: Schulterblätter und Oberarme sollten gleich lang sein. Die Schultern sollten gut zurückgelegt sein. Die Ellbogen liegen eng am Körper an. Die Vorderläufe sollten von vorne betrachtet gerade sein. Ein- oder ausgedrehte Pfoten sind ein Fehler.

Rückhand: Im Profil ist die Kruppe fast flach. Eine leichte Neigung der Kruppe ist akzeptabel. Die Kniegelenke sollten mäßig gewinkelt sein, um die Vorwärtsbewegung zu unterstützen. Die Hinterhand sollte gut bemuskelt sein, um Kraft in der Bewegung zu haben. Sprunggelenk bis Ferse sollte stark und kurz sein, dabei senkrecht zum Boden stehen. Von hinten betrachtet sollten sie parallel zueinander verlaufen und dürfen nicht kuhhessig sein.

Pfoten: Die Pfoten sind mittelgroß und rund, mit gut gewölbten Zehen und elastischen, dicken Ballen. Die Pfoten sollten weder nach innen noch nach außen drehen.

Schwanz: Die Rute sollte in Ruhe oder in Bewegung der Oberlinie folgen. Sie kann fröhlich zurückschwingen, sollte sich aber nicht vollständig über den Rücken krümmen. Die Spitze der Rute sollte den Rücken nicht berühren oder sich einrollen.

Bewegung: Der trabende Gang ist bei ausgewachsenen Hunden mühelos, geschmeidig, kraftvoll und koordiniert. Er sollte einen guten Vorgriff und Schub von hinten für die Vorwärtsbewegung haben. Eine gesunde, freie Bewegung und ein leichter Gang sind unerlässlich.

KAPITEL 3
Vorbereitung auf einen Labradoodle

„Ich sage potenziellen Welpenfamilien immer: Wenn du einen Labrador magst, wirst du einen Labradoodle LIEBEN. Sie haben die Freundlichkeit und Offenheit eines Labradors und die Intelligenz eines Pudels. Die meisten Doodles denken, sie seien Menschen, und verhalten sich entsprechend. Sie lieben den engen Kontakt zu ihrer Familie und legen oft eine Pfote auf ihren ,Menschen'."

Jenny Williams
Happy Go Lucky Labradoodles

Es ist leicht zu verstehen, warum man sich in einen Labradoodle verlieben kann. Bei vielen kommt es schon zur Liebe auf den ersten Blick, wenn sie nur Fotos oder Videos dieser Rasse sehen. Treffen sie dann persönlich auf einen Labradoodle, vielleicht im Park oder bei einem Freund, lassen sich fast alle von dem Charme und der liebevollen Natur dieser Rasse verzaubern. Vielleicht hast du sogar schon festgestellt, dass der Labradoodle deines Freundes deine Hundeallergie nicht ausgelöst hat, und ziehst nun zum ersten Mal einen Hund in Betracht? Zwar wird in diesem Buch mehrfach betont, dass der Labradoodle nicht zwingend hypoallergen ist, aber einige sind es eben. So gibt es für dich die Chance, dass du – unter besonderer Sorgfalt bei der Auswahl – vielleicht einen besten Freund findest, mit dem du dein Zuhause teilen kannst.

Bist du bereit?

Wenn du bereits einen Hund besessen hast, dann ist dir bewusst, welche Anpassungen und Kompromisse nötig sind, um einen Hund zu integrieren. Aber du weißt auch, dass sich der Aufwand lohnt. Einen Hund um sich zu haben, ist der perfekte Stressabbau, zumindest sobald du die anfänglich stressigen Monate mit Stubenreinheit, Zerstörungswut und konsequentem Training überstanden hast! Hunde ermutigen dich zur Bewegung und zeigen deinen Kindern, wie man für andere sorgt. Es wurde sogar nachgewiesen, dass sie dein Immunsystem stärken. Vor allem aber ist die bedingungslose Liebe

Foto von
Laura Lord

eines Hundes etwas, das nicht gemessen werden kann. Durch das Leben mit einem Hund werden alle Herausforderungen des Lebens in die richtige Perspektive gerückt.

Andererseits bedeutet einen Hund zu besitzen Verpflichtung. Jeder Hund muss täglich bewegt werden und braucht auch einen großen Teil des Tages Gesellschaft. Du musst Vorkehrungen für deinen Hund treffen, wenn du in den Urlaub fährst. Ein so großer und zotteliger Hund wie ein Labradoodle wird eine Menge Schmutz in dein Haus bringen, selbst wenn du das Glück hast, einen zu finden, der nicht haart oder riecht. Und die finanziellen Kosten für die Haltung eines Labradoodles werden während seiner 12–15-jährigen Lebensdauer bestehen bleiben und wahrscheinlich mit dem Alter steigen. All diese Dinge müssen sorgfältig abgewogen werden, bevor du den großen Schritt machst, einen Labradoodle nach Hause zu bringen.

Kosten für die Haltung eines Labradoodles

Die erste Ausgabe, mit der du bei der Anschaffung eines Labradoodles konfrontiert wirst, ist der eigentliche Preis des Hundes. Es wurde bereits erwähnt, dass Labradoodles eine teure Rasse sind. Dies ist für die Rasse leider

Foto von
Ted Micucci

ein großer Nachteil geworden, da viele Züchter die Gelegenheit zum Geldverdienen auf Kosten des Wohlergehens ihrer Zuchttiere und der erzeugten Welpen ergriffen haben. Der Preis ist daher nicht unbedingt ein zuverlässiger Indikator für die Qualität oder die ethischen Standards des Züchters und es liegt am Käufer, einen ordentlichen Züchter zu finden. Im Durchschnitt kostet ein Labradoodle, je nach Variante, zwischen 1.000 und 2.000 Euro beim Kauf von einem Züchter, manchmal aber auch deutlich mehr.

Wenn du einen Labradoodle zu einem unterdurchschnittlichen Preis gekauft hast, kann dies verschiedene Gründe haben. Manchmal betrachtet der Züchter einen bestimmten Welpen als nicht standardkonform und verkauft ihn bereits kastriert oder mit einem Vertrag zur Kastration, um ihn aus dem Zuchtpool zu entfernen. Ein günstigerer Welpe könnte gesundheitliche Probleme haben, die später Kosten verursachen, oder er hat einfach nicht die richtige Fellstruktur oder -farbe. Manchmal wird ein Welpe zum Züchter zurückgebracht, entweder weil er nicht hypoallergen ist oder weil die Besitzer die Verantwortung für einen Hund nicht gründlich durchdacht haben. In diesem Fall kannst du vielleicht einen älteren Welpen zu einem niedrigeren Preis bekommen. Möglicherweise musst du mit dem Welpen dann härter arbeiten, um das Training nachzuholen, das er in den frühen Monaten verpasst haben könnte.

Foto von
Angela Ash

Manchmal werden Welpen oder ältere Labradoodles auf Webseiten angeboten. In diesem Fall musst du vorsichtig vorgehen und die genauen Gründe für die Weitervermittlung herausfinden und abwägen, ob du in der Lage bist, damit umzugehen. Privatverkäufe und Weitervermittlungen sind nicht ideal und selten im Interesse des Hundes, da meistens nicht einmal Hausbesuche durchgeführt werden. Es ist besser, eine Tierschutzorganisation zu unterstützen, aber auch hier musst du eine Vermittlungs- und Schutzgebühr von mehreren hundert Euro zahlen, um die Kosten zu decken und dein Engagement für den Hund zu zeigen.

Wie gut dein Hund gezüchtet wurde ist ein Anhaltspunkt für die Tierarztkosten, die im Laufe seines Lebens auf dich zukommen könnten. Ein Hund, der mit bekannter und getesteter Abstammung und Gesundheitszeugnissen kommt, wird wahrscheinlich ein gesundes Leben führen. Hunde unbekannter Herkunft oder von nicht getesteten Eltertieren können sich als häufige Besucher in der Tierarztpraxis entpuppen. Dazu ist die Wahrscheinlichkeit höher, dass sie unter anhaltenden oder sogar lebenslangen Erkrankungen leiden können, welche die Lebensqualität beeinträchtigen. Einige von diesen Krankheitsbildern werden in Kapitel 14 beschrieben. Es ist wichtig, von Anfang an eine Tierkrankenversicherung abzuschließen, bevor dein Hund wegen einer Erkrankung behandelt wird, die später ausgeschlossen werden könnte. So kannst du seine Gesundheitsversorgung ohne böse Überraschungen oder unerschwingliche Kosten einplanen.

Foto von Dorie O'Shea

Zu den laufenden Gesundheitskosten gehören Impfungen, Parasitenkontrolle, Zahnpflege und routinemäßige Tierarztbesuche, die unter der von deiner Versicherung festgelegten Mindestschadensumme liegen. Die Futterkosten variieren je nach Größe deines Hundes und werden in Kapitel 11 ausführlicher erläutert.

Die Ausrüstung, die du für deinen Labradoodle kaufen musst, ist größtenteils eine einmalige Anschaffung, aber einige Gegenstände wie Halsbänder, Geschirre, Transportboxen und Betten müssen möglicherweise ersetzt werden. Aus manchen Sachen wächst dein Hund raus und andere Gegenstände werden verschleißen oder kaputtgehen. Wie viel Geld du für die Ausrüstung deines Labradoodles ausgibst, ist eine persönliche Entscheidung. Viele Besitzer lieben das Einkaufserlebnis und es bereitet ihnen Freude, ihren Hund zu verwöhnen. Solange die Gegenstände, die du kaufst, größengerecht und gut verarbeitet sind, wird dein Hund jedoch unabhängig von den Kosten glücklich sein. Wer ein begrenztes Budget hat, kann den Kauf von gebrauchten Artikeln in Betracht ziehen, solange die vorbesessene Hundeausrüstung gereinigt und desinfiziert wurde und nicht kaputt oder übermäßig abgenutzt ist.

Welche Fellstruktur dein Labradoodle auch hat, es wird sicher dick und dicht sein! Das Haarfell neigt zum Haaren, daher ist regelmäßiges Bürsten im Freien für ein sauberes Haus ein Muss. Dazu neigt das nicht haarende Wollfell zum Verfilzen und braucht daher besondere Aufmerksamkeit. Auch die dazwischenliegende, im Allgemeinen nicht haarende Fleece-Fellstruktur benötigt regelmäßige Pflege. Viele Labradoodle-Besitzer nutzen die Dienste eines Profis, um das Fell ihres Hundes in gutem Zustand zu halten, und viele entscheiden sich auch dafür, ihre Hunde während der warmen Sommermonate zu scheren. Weitere Ratschläge zur Fellpflege findest du in Kapitel 12.

Ein Hund ist fürs Leben, und deshalb ist es wichtig, dass du dir ausreichend Zeit nimmst, um herauszufinden, ob ein Labradoodle zu dir passt und ob du die Zeit und die finanziellen Mittel hast. Wenn du dich dazu entscheidest, einen Labradoodle anzuschaffen, wird dies eine aufregende Zeit für dich werden. Einen liebenswerten Labradoodle-Begleiter zu finden, kann eine der wunderbarsten Erfahrungen deines Lebens sein.

KAPITEL 4
Die Wahl des Welpen

Die Auswahl eines guten Labradoodle-Züchters ist das größte Minen-feld, dem du bei der Anschaffung deines neuen besten Freundes begegnen wirst. Mehr noch als bei der Auswahl eines reinrassigen Hundes, wo Zuchtbetriebe streng vom Zuchtverband kontrolliert werden. Selbst bei einem Mischling wirst du vermutlich weniger Probleme bei der Wahl haben, da diese aufgrund der genetischen Vielfalt weniger zu erblich beding-ten Krankheiten neigen und das Problem der Welpenfarmen nicht besteht.

Die Beliebtheit und der Preis des Labradoodles haben die Rasse zum Ziel unzähliger Züchter gemacht, die auf den möglichen Profit schielen – ein Grund, warum Wally Conron über die Büchse der Pandora verzweifelte, die er geöffnet hatte. Sei dir im Klaren darüber, dass selbst einige bekannte Zwinger mit renommierten Labradoodle-Referenzen nicht immer das sind, was sie zu sein scheinen.

Foto von Patricia Adams

Einen seriösen Züchter finden

„Es ist sehr wichtig sicherzustellen, dass du mit jemandem zusammen-
arbeitest, der Erfahrung mit der Rasse und der Beurteilung von Persönlich-
keit und Temperament hat. Manche Züchter lassen dich einen Welpen nur
anhand eines Fotos auswählen oder nach einem einzigen Treffen mit dem
Wurf. Wir persönlich glauben, dass der wichtigste Faktor für das langfri-
stige Zusammenleben eines Welpen mit einer Familie die richtige Persön-
lichkeit und das passende Temperament sind, um gut in diese Familie zu
passen. Ein erfahrener Züchter oder eine Tierschutzorganisation kann dir
Feedback zu jedem Welpen geben und dich zu denjenigen führen, die am
besten zu deinem Zuhause passen – und für die dein Zuhause am besten
geeignet ist. Vertraue dieser Erfahrung."

Rochelle Woods
Spring Creek Labradoodles

Zunächst fragst du dich vielleicht, wie du einen Labradoodle-Züchter finden kannst, wenn die Rasse nicht vom FCI anerkannt ist. Es gibt zwei Möglichkeiten. Hast du dich in die Rasse verliebt, weil du einen bestimmten Labradoodle kennengelernt hast? Vielleicht den Hund eines Freundes oder einen, den du regelmäßig im Park siehst? In diesem Fall lohnt es sich, den Besitzer zu fragen, woher er seinen Hund hat. Du hast selbst gesehen, dass die Hunde von diesem Züchter ein nettes Wesen haben und nach bestem Wissen ihrer Besitzer keine vererbten Gesundheitsprobleme aufweisen. Es gibt nichts Besseres als eine persönliche Empfehlung. Wenn du keinen Labradoodle-Besitzer kennst, lohnt es sich, in Labradoodle-Foren im Internet zu schauen. Die Erfahrungen und Empfehlungen in Internetforen sind oft viel ehrlicher als das glänzende Marketing auf den Websites der Züchter.

Der andere Weg zu einem gut gezüchteten Labradoodle führt über den Labradoodle-Club in deinem Land. Diese haben eine Liste von Züchtern, auf die du dich allerdings nicht unbedingt hinsichtlich der ethischen Tierschutz-standards verlassen kannst. Du musst also trotzdem weitere Nachforschun-gen anstellen.

Vor allem solltest du die Zuchtanlage persönlich besuchen, bevor du dich zum Kauf eines Labradoodle-Welpen verpflichtest. Lasse dich niemals auf ein Video ein, das von einem Zuchtzwinger im Ausland produziert wur-de, mit der Absicht, einen Welpen auf Bestellung importieren zu lassen! Du hast keine zuverlässige Möglichkeit um herauszufinden, unter welchen Bedingungen dein Hund gezüchtet wurde oder ob du unwissentlich eine Welpenfabrik unterstützt. Dein zwei Monate alter Welpe mag gesund sein, aber kennst du den Zustand seiner Mutter, wie sie gehalten wird und wie viele Würfe sie hintereinander zur Welt bringen musste? Und was ist, wenn du Unterstützung vom Züchter brauchst oder den Welpen zurückgeben musst?

Es ist auch zwingend notwendig, die Zuchtanlage zu besuchen, bevor du deinen Welpen reservierst. Besonders dann, wenn du eine Hundeallergie hast. Dies liegt an dem weit verbreiteten Missverständnis, dass Labradoodles hypoallergen sind. Selbst wenn der Züchter dies über seine Hunde behauptet, kannst du nur sichergehen, indem du den größten Teil eines Tages im Zwinger verbringst. Ein seriöser Züchter wird diese Bitte nicht für unangemessen halten und sollte den Vorschlag begrüßen, da er dazu beiträgt sicherzustellen, dass der Welpe nicht später aufgrund von Allergieproblemen zurückgegeben wird.

Foto von
Chrystal Sanchez

Die Elterntiere begutachten

„Bei der Auswahl eines Züchters ist es am wichtigsten, einen sachkundigen Züchter zu finden, der die Rasse kennt und sich Zeit nimmt, dich kennenzulernen. Gewissenhafte Züchter testen das Temperament der Welpen regelmäßig und haben Erfahrung darin, dich mit dem perfekten Welpen zusammenzubringen – nicht nur mit einem, der so aussieht, wie du es dir wünschst. Die Persönlichkeit ist immer wichtiger als Aussehen und Körperbau, und nur der Züchter kann dir helfen, diese Schichten zu durchschauen und die beste Entscheidung für dich zu treffen, weil er die Welpen täglich gesehen hat, während du den Welpen vielleicht nur 20 Minuten siehst und dann eine Entscheidung triffst.“

Robby Gilliam
Mountain View Labradoodles

Wenn du den Züchter persönlich besuchst, solltest du die Mutter sehen können oder, falls gerade kein Wurf vorhanden ist, die Zuchthündinnen kennenlernen dürfen. Der Zwinger hat möglicherweise nicht unbedingt die männlichen Hunde, die sie verwenden, vor Ort, da diese oft anderswo gehalten werden. Für Würfe, die derzeit erwartet werden, sollte der Züchter jedoch die Stammbäume und Zuchtbescheinigungen des Vaters vorlegen können. Normalerweise kannst du auch Fotos sehen oder einen Termin mit den Besitzern des Vaters vereinbaren, um ihn persönlich zu besuchen.

Achte bei der Betrachtung von Stammbäumen auf Inzucht, die sich durch eine Wiederholung derselben Namen zeigt, da dadurch eine höhere Wahrscheinlichkeit vorhanden ist, dass genetische Erkrankungen weitergegeben werden. Manchmal ist selektive Inzucht erlaubt, besonders bei der Entwicklung einer Rasse, und wird als Linienzucht bezeichnet. Dies muss jedoch vom Zuchtverband genehmigt werden, und der Züchter sollte entsprechende Dokumente vorlegen können.

Das Wichtigste bei der Betrachtung der Elterntiere ist, dass sie unter sauberen und komfortablen Bedingungen gehalten werden, idealerweise in einer häuslichen Umgebung, und dass sie nicht überzüchtet sind. Die Mutter sollte mindestens 16 Monate alt und nicht älter als acht Jahre sein. Sie sollte in ihren Zuchtjahren höchstens fünf Würfe haben, mit einem Abstand von mindestens 10 Monaten zwischen den einzelnen Würfen (je nach Land unterschiedlich). Das Männchen sollte über 12 Monate alt sein, da Hüften und Ellbogen erst auf Dysplasie getestet werden können, wenn ein männlicher Hund ausgewachsen ist.

Natürlich müssen bei einem Labradoodle nicht beide Elternteile Labradoodles sein. Bei einer Verpaarung der ersten Generation kann die Mutter ein Labrador Retriever und der Vater ein Pudel sein. In diesem Fall sollten die Eltern vom Zuchtverband zertifiziert sein. Manchmal kann ein Labradoodle auch mit einem Pudel rückgekreuzt werden. Wenn jedoch beide Eltern Labradoodles sind, sind ihre Gesundheitszeugnisse freiwillig, aber seriöse, vom Zuchtverband anerkannte Züchter werden über die grundlegenden Gesundheitstests hinausgehen, um zu bestätigen, dass die Welpen frei von Problemen sein werden. Du solltest auf ein einwandfreies Gesundheitszeugnis in Bezug auf Hüftdysplasie, Ellbogendysplasie, Hypothyreose, Von-Willebrand-Krankheit und Progressive Retina-Atrophie (PRA) achten.

Beachte, dass ein Wurf Labradoodles wie Forrest Gumps Pralinenschachtel ist: Du weißt nie, was du bekommst! Die Betrachtung der Eltern ist keine Garantie für Farbe, Fellstruktur, Haarausfall oder hypoallergene Ei-

Foto von
Michelle Duggins

genschaften, von denen in einem einzigen Wurf verschiedene Variationen auftreten können. Du solltest jedoch Temperament, Gesundheit und bis zu einem gewissen Grad die Größe vorhersagen können. Mehrgenerations-Labradoodles bringen einheitlichere Welpen hervor.

Den perfekten Welpen auswählen

„Suche nach einem Züchter, der ab der siebten Woche oder später Temperamentstests durchführt. Wenn du einen Welpen nur nach dem Aussehen im Alter von drei Tagen oder drei Wochen auswählst, wirst du nichts über diesen Welpen wissen. Du möchtest vielleicht einen Jagdhund und bekommst einen Couchpotato. Du möchtest vielleicht einen Therapiehund und bekommst einen Hund, der nicht stillliegen kann. Du suchst vielleicht einen Couchpotato und bekommst einen extrem verspielten, energiegeladenen Welpen – oder umgekehrt. Ein Welpe mit dem falschen Temperament ist einer der Hauptgründe, warum Hunde in Tierheimen landen.“

Carolyn DeBar
Doodle Around

Wenn du die Zuchtanlage zum ersten Mal besichtigst, sind möglicherweise keine Welpen vorhanden. Falls doch, dann sind sie wahrscheinlich schon reserviert. Aufgrund der Beliebtheit von Labradoodles musst du dich normalerweise auf eine Warteliste setzen lassen.

Nehmen wir an, du bist bereits an dem Punkt angelangt, an dem du einen seriösen Züchter gefunden und einen Welpen reserviert hast. Der Züchter wird dich wahrscheinlich nicht zum Ansehen der Welpen einladen, bevor sie fünf Wochen alt sind, da sich bis zu diesem Zeitpunkt ihr Aussehen und ihre Persönlichkeit noch stark entwickeln. Du wirst jedoch wahrscheinlich vor dem Absetzen der Welpen zu Besuch kommen, um deinen neuen Labradoodle auszuwählen. Bedenke, dass einige Züchter ihre Welpen gerne selbst den Bewerbern zuordnen, basierend auf ihrer Erfahrung mit den Persönlichkeitsmerkmalen, die sie bei den Welpen erkennen, und den individuellen Umständen und dem Lebensstil des Bewerbers.

Nehmen wir an, der Züchter lässt dich deinen Welpen aus dem Wurf auswählen. Wie bereits erwähnt, kann ein Wurf Labradoodles sehr ähnlich aussehen, wenn es sich um Mehrgenerations-Labradoodles handelt, die aus aufeinanderfolgenden Generationen von Labradoodles gezüchtet wurden. Wenn es sich um Labradoodle-Welpen der ersten oder frühen Generation handelt, kann der Wurf eine Auswahl an Farben und Fellvarianten bieten. Das Fell wird sich jedoch verändern, wenn dein Hund heranwächst. Wenn du Allergieprobleme hast, solltest du den Rat des Züchters einholen, welcher Welpe am wahrscheinlichsten nicht haart und hypoallergen ist. Bei Mehrgenerations-Labradoodles hast du dafür eine bessere Garantie.

Wann immer du einen Wurf Welpen betrachtest, sei es ein reinrassiger, hybrider oder gemischter, sind die Kriterien dieselben. Die Welpen sollten sauber sein, ohne Ausfluss aus Augen oder Ohren. Ihre Hinterteile sollten sauber sein, ohne nassen oder trockenen Urin oder Kot. Ihre Bäuche sollten keine Beulen aufweisen, die auf einen Bruch hindeuten. Bei einem männlichen Welpen sollten zwei Hoden abgestiegen sein. Bedenke, dass diese bei einer ersten Besichtigung möglicherweise noch nicht abgestiegen sind, je nachdem, wie alt die Welpen zu diesem Zeitpunkt sind. Die Welpen sollten gut fressen und lebhaft, wach und neugierig sein. Ebenso sollten sie fröhlich mit ihren Wurfgeschwistern spielen.

Manche Leute sagen, dass du es zulassen sollst, dass dein Welpe dich auswählt. Andere behaupten, das sei ein schlechter Rat, da der dominanteste Welpe den ersten Kontakt aufnehmen wird. Dieser könnte sich als eine Handvoll erweisen, wenn er heranwächst! Andererseits könnte ein scheuer Welpe Sozialisierungsprobleme haben. Wenn du keine Herausforderung willst, dann berücksichtige die Welpen, die weder dominant noch unterwürfig sind. Ob du einen Rüden oder eine Hündin wählst, ist Geschmackssache. Beide werden großartige Haustiere abgeben. Aber wenn du bereits einen Hund hast, ist es normalerweise am besten, das entgegengesetzte Geschlecht zu wählen, wenn denn dein vorhandener Hund kastriert ist.

Der Welpe, den du auswählst, sollte sich gerne anfassen lassen. Wenn du Allergieprobleme hast, dann fasse deinen Hund, soweit es der Züchter zulässt, so oft wie möglich an. So kannst du testen, ob eine allergische Reaktion auftritt. Teste dies regelmäßig bis zum Abholtermin.

Labradoodles werden oft in einem früheren Stadium kastriert als andere Rassen, um unkontrollierte Zucht zu verhindern. Falls sie bei Abgabe noch nicht kastriert sind, kommen sie fast immer mit einem Vertrag, der vorsieht, dass sie vor dem Erreichen des 18. Lebensmonats, oft früher, kastriert werden müssen.

Züchterverträge und Garantien

Sobald du dich für einen Welpen entschieden hast, werden die meisten seriösen Züchter einen Vertrag und eine Garantie anbieten. Diese unterscheiden sich von Züchter zu Züchter, daher ist es wichtig, die Unterlagen vor der Unterzeichnung gründlich zu lesen. Welpenverträge sind eine Möglichkeit für Züchter, die beidseitig gesetzten Erwartungen an den Welpen festzuhalten. Es ist somit für Züchter und den zukünftigen Besitzer eine gute Idee, einen Vertrag abzuschließen.

Der Vertrag sollte alle sachlichen Informationen über den Welpen enthalten, den du kaufst, also beispielsweise um welchen Welpen es sich handelt, wer die Eltern sind, Registrierungsdetails (falls zutreffend) und Mikrochipnummer (falls bereits vorhanden). Dies hilft dir, deinen Welpen zu identifizieren, falls es später zu Streitigkeiten kommt. Es sollte auch detailliert aufgeführt sein, wie viel du für den Welpen zu zahlen vereinbart hast, ob du eine Anzahlung geleistet hast, ob du bereits vollständig bezahlt hast oder ob du in Raten zahlst.

Der wichtigste Teil des Vertrags für dich legt fest, was der Züchter über den Welpen garantiert. Die meisten Züchter garantieren, dass der Welpe zum Zeitpunkt des Kaufs gesund ist, aber einige verlangen, dass du deinen Welpen innerhalb von 72 Stunden nach der Abholung zu einem Tierarzt bringst, um dies zu bestätigen. Der Vertrag wird auch alle Garantien für genetische Erkrankungen umreißen. Da Labradoodles keine reinrassigen Hunde sind, gibt es zwar

Foto von
Donna Irizarry

keine obligatorischen Gentests, dennoch werden viele Züchter die Eltern freiwillig auf genetische Krankheiten testen lassen. Wie bereits erwähnt, umfasst dies Tests auf Hüftdysplasie, Ellbogendysplasie, Hypothyreose, Von-Willebrand-Krankheit und Progressive Retina-Atrophie (PRA).

Einige Züchter können auch andere Bedingungen in ihre Verträge aufnehmen, die du einhalten musst. Dazu könnte gehören, dass du deinen Welpen kastrieren lassen musst, oder der Vertrag enthält eine Klausel, die besagt, dass du ihn oder sie nicht ohne Erlaubnis des Züchters zur Zucht einsetzen darfst. Es kann auch festgelegt sein, dass du bestimmte Gesundheitstests durchführen lassen musst, wie Hüft- und Ellbogenbewertungen, sobald der Hund ausgewachsen ist. Wenn der Vertrag dir Unbehagen bereitet, dann unterschreibe ihn nicht und suche dir einen anderen Züchter. Die Züchter sehen es so, dass sie dir einen ihrer wertvollsten Schätze überlassen. Daher wollen seriöse Züchter nur das Beste für ihren Welpen und die Integrität ihres Zuchtprogramms schützen.

Schließlich sollte es einen Abschnitt zur Rückgabe des Welpen geben. Die meisten seriösen Züchter akzeptieren Rückgaben unter bestimmten Bedingungen, zum Beispiel wenn der Welpe ein gesundheitliches Problem entwickelt oder er sich innerhalb eines bestimmten Zeitraums nicht in deinem Haus einlebt.

Einen Labradoodle aus dem Tierschutz aufnehmen

„Ist der Welpe aufgeschlossen, freundlich und glücklich? Das sind in der Regel gute Anzeichen für eine frühe Sozialisierung. Wenn du einen aus dem Tierschutz wählst, versuche, so viel Geschichte wie möglich zu erfahren, um sicherzustellen, dass ihr zusammenpasst. Ist der Welpe/Hund gut mit anderen Haustieren? Kindern? Gibt es bekannte gesundheitliche Probleme? Usw."

Jenny Williams
Happy Go Lucky Labradoodles

Viele angehende Labradoodle-Besitzer würden nie daran denken, in einem Tierheim nach einem Hund dieser Rasse zu suchen. Das liegt daran, dass der Labradoodle einen so hohen Preis hat – wie könnte ein solcher Hund jemals in einer Rettungsstation landen? Tatsächlich ist diese Annahme schlichtweg falsch. Labradoodles können aus vielen Gründen abgegeben werden und das nicht unbedingt aufgrund von Verhaltensproblemen. Zum Beispiel, wie wir bereits festgestellt haben, können sie sich als nicht hypoallergen herausstellen. Besitzer mit Allergien können möglicherweise nicht damit umgehen. Während des ersten Lebensjahres des Labradoodles wird sich sein Fell ein paar Mal verändern. Die erste Veränderung findet wahrscheinlich statt, bevor du ihn überhaupt abholst, aber die nächste Veränderung tritt in der Pubertät auf, etwa im Alter von acht Monaten. Wenn dein hypoallergener Hund dann bei einer empfindlichen Person doch eine allergische Reaktion auslöst, kann es für den Besitzer unmöglich sein, ihn zu behal-

Foto von Jennifer Russell

ten. In diesem späten Stadium nimmt der Züchter ihn möglicherweise nicht zurück. Das ist einer der unglücklichen Gründe, warum ein Labradoodle in einer Rettungsstation landen könnte.

Andere Gründe sind nicht spezifisch für Labradoodles. Hunde aller Art können aufgrund veränderter Umstände des Besitzers in eine Rettungsstation gelangen. Dies kann auf berufliche Verpflichtungen, finanzielle Umstände, gesundheitliche Probleme oder ein neues Baby zurückzuführen sein. Oft wird ein Labradoodle privat über lokale Anzeigen vermittelt. Viele Besitzer sind jedoch der Meinung, dass es besser ist, ihren Hund über ein Tierheim zu vermitteln, das ordnungsgemäße Hausbesuche und Überprüfungen des neuen Besitzers durchführt und lebenslange Unterstützung bietet. Sie verzichten daher im besten Interesse ihres Hundes auf die Rückerstattung ihrer Anschaffungskosten.

Und natürlich wird es, wie bei jeder anderen Rasse auch, immer Labradoodles in Rettungsstationen geben, die sich für ihre Besitzer als zu problematisch erwiesen haben. Vielleicht wurden sie von klein auf nicht richtig trainiert oder sozialisiert. Sicherlich werden diese dann ein erfahrenes Zuhause brauchen. Oder vielleicht haben sie sich als gesundheitlich angeschlagen aufgrund schlechter Zucht herausgestellt. In diesem Fall brauchen sie ein Zuhause mit den finanziellen Mitteln für ihre laufende Pflege. Oder vielleicht sind sie einfach zu groß geworden. In diesem Fall brauchen sie ein größeres Zuhause. Es ist selten, dass ein Labradoodle wegen Aggression abgegeben wird, da dies kein häufiges Rassemerkmal ist.

Wenn du dich dazu entscheidest, einen Labradoodle aus einer Rettungsstation zu adoptieren, kannst du die Befriedigung genießen, etwas wirklich Wertvolles zu tun, das dein Hund für den Rest seiner Tage zu schätzen wissen wird. Dieser Weg wird am Anfang weniger kostspielig sein, auch wenn du eine Adoptions- bzw. Schutzgebühr zahlen musst, die oft mehrere hundert Euro hoch ist. Wenn dein geretteter Labradoodle jedoch gesundheitliche Probleme hat, die dazu führten, dass er abgegeben wurde, bekommst du keine Versicherung für bereits bestehende Erkrankungen, sodass die lebenslangen Kosten höher sein können. Auch wenn er Verhaltensprobleme hat, die intensives Training erfordern, kann dies Kosten für einen Tierverhaltensexperten mit sich bringen. Einige Rettungsorganisationen können dabei helfen, also frage immer nach.

Fast immer wird ein Hausbesuch durchgeführt, bevor du einen Hund aus einem Tierheim adoptieren darfst. Dabei wird überprüft, ob deine Persönlichkeit, dein Haus und dein Garten für einen Labradoodle geeignet sind, du die Auswirkungen der Hundehaltung verstehst und alle im Haushalt mit dem neuen Bewohner einverstanden sind.

Zwar besitzt du nach erfolgreicher Adoption den Hund, doch der Schutzvertrag kommt mit einigen Auflagen. Dazu gehört, dass du den Hund im Falle von Problemen an die Rettungsorganisation oder das Tierheim zurückgeben musst. Du darfst ihn also nicht privat weitervermitteln. Dies soll sicherstellen, dass der Hund niemals in die falschen Hände gerät oder für Profit verkauft wird. Ein geretteter Labradoodle wird fast immer kastriert sein, bevor du ihn adoptierst, oder du wirst verpflichtet sein, den Eingriff so bald wie möglich nach der Aufnahme des Hundes durchführen zu lassen. In den meisten Fällen machen diese Bedingungen das Zusammenleben mit einem Rettungshund nicht anders als mit einem Hund, den du von einem Züchter gekauft hättest. Dein Hund wird dich bald als seinen Seelenverwandten erkennen, und ihr werdet eine Bindung fürs Leben haben.

KAPITEL 5
Dein Zuhause vorbereiten

„Die meisten Menschen, die noch nie einen Welpen hatten, sind oft überrascht, wie viel Arbeit in einen neuen Vierbeiner fließt. Wenn du dein Zuhause welpensicher machst, ersparst du dir später viele Kopfschmerzen und potenzielle Tierarztrechnungen. Eine gute Faustregel: Geh auf alle Viere (auf Welpenhöhe) und schau dich aus ihrer Perspektive nach allem um, was problematisch sein könnte: Elektrokabel, giftige Reinigungsmittel, teure Schuhe usw."

Jenny Williams
Happy Go Lucky Labradoodles

Foto von
Felicia Watson

Innen- und Außenbereiche vorbereiten

„Grenzen sind wichtig, deshalb empfehlen wir immer, einen Bereich einzurichten, in dem sie nur einen kleinen Teil des Hauses nutzen können, der leicht zu reinigen ist. Mit fortschreitender Erziehung und Gehorsamkeitstraining bekommen sie nach und nach mehr Platz im Haus, aber wenn Fehler oder Unfälle passieren, verlieren sie einen Teil ihres Freiraums. Freier Zugang zum ganzen Haus oder zu bestimmten Bereichen ist ein Privileg, das verdient werden muss."

Robby Gilliam
Mountain View Labradoodles

Falls du noch keinen Hund hast, gibt es einige Dinge zu bedenken, bevor dein Labradoodle bei dir einzieht. Und selbst wenn du bereits einen Hund hast, musst du möglicherweise einige Anpassungen an deiner aktuellen Einrichtung vornehmen, um die Größe des Neuankömmlings und seine Entwicklungs- und Trainingsphase zu berücksichtigen. Wenn du beispielsweise einen Welpen erwartest, aber bereits einen erwachsenen Hund hast, denkst du vielleicht, dass dein Garten sicher ist. Ein kleiner Welpe mit Buddeldrang und ohne Verständnis für Grenzen kann jedoch schnell unter deinem Tor durchschlüpfen oder durch einen kleinen Spalt im Zaun entwischen. Auch wenn du einen erwachsenen Hund adoptierst, haben viele Hunde aus Tierheimen einen starken Fluchtinstinkt, den dein vorhandener Hund vielleicht nicht hat. Deine Zäune müssen also hoch genug sein, damit er nicht darüber springt.

Von Anfang an musst du entscheiden, zu welchen Bereichen deines Hauses dein neuer Hund Zugang haben soll. Wenn du bereits einen Hund hast, wird es schwierig sein, für jeden unterschiedliche Regeln aufzustellen. Es ist jedoch nicht ungewöhnlich, während des Stubenreinheitstrainings und der zerstörerischen Phasen einen Welpen auf bestimmte Räume zu beschränken. Wenn dein vorhandener Hund es gewohnt ist, oben zu schlafen, aber es tolerieren würde, im selben Raum wie der Welpe zu schlafen, könnte dies bei Trennungsangst helfen, obwohl der Welpe nachts trotzdem in seiner Box schlafen sollte.

Du kannst Teile deines Hauses einfach abgrenzen, indem du die Türen der Räume schließt, die du hundefrei halten möchtest. Viele Hundebesitzer entscheiden sich für Gitter vor Türöffnungen oder an der Treppe, bis ein Hund gelernt hat, wo er sich aufhalten darf.

Foto von
Ramona Powell

Überlege dir auch im Vorfeld, ob du deinem neuen Hund erlauben wirst, auf die Couch zu kommen. Für manche Besitzer ist das Kuscheln mit ihrem Hund beim Lesen oder Fernsehen ein bedeutungsvoller Teil ihrer Beziehung. Garantiert würde sich dein Hund für das Kuscheln auf der Couch entscheiden. Aber wenn er dieses Privileg nie hatte, wird er es nicht vermissen. Das Problem ist, dass du, wenn du deinen Hund nicht auf der Couch haben willst, es nie erlauben oder zulassen darfst, auch dann nicht, wenn du nicht zu Hause bist. Das verwirrt ihn sonst nur. Du musst deinen Hund also in die Box setzen oder ihm den Zugang zur Couch anders verwehren, wenn du unterwegs bist. Das musst du so lange tun, bis er die Regeln kennt und respektiert. Diese praktischen Aspekte solltest du bedenken, wenn du dein Zuhause für die Ankunft deines neuen Hundes vorbereitest.

Gefährliche Dinge, die Hunde fressen könnten

„Überprüfe dein Haus und den Garten auf giftige Pflanzen. Stelle sicher, dass Chemikalien und Reinigungsmittel außer Reichweite sind. Achte auf lose Elektrokabel und verlege sie so, dass der Welpe nicht daran kauen kann. Richte einen privaten Bereich für den Welpen ein, in den er gehen kann, wenn er müde ist und nicht gestört werden möchte. Besorge Laufgitter und Hundegitter, um die Bereiche zu begrenzen, in denen sich der Welpe aufhalten darf."

Rochelle Woods
Spring Creek Labradoodles

Ohne Hunderfahrung lässt man leicht gefährliche Dinge im Haus herumliegen, die dein Labradoodle fressen könnt. Geh außerdem niemals davon aus, dass dein Welpe nur herumliegendes Futter frisst. Welpen sind neugierig und kauen möglicherweise auf allen möglichen Fremdkörpern rum oder verschlucken Gegenstände, die zu lebensbedrohlichen Magen-Darm-Verstopfungen führen können. Gegenstände, die dein Welpe verschlucken könnte, sind Socken, Spielzeug, Bälle, Steine und Obstkerne.

Es gibt viele andere Dinge, die ebenso Probleme verursachen können, wenn sie verschluckt werden. Sie verursachen vielleicht keine Verstopfung, könnten deinen Labradoodle aber krank machen. Oft sind dies Dinge, die ganz natürlich im Haus herumliegen. Bevor du deinen Welpen nach Hause bringst, solltest du daher sicherstellen, dass alles aufgeräumt ist. Zu den häufigsten Gift- und Gefahrenstoffen gehören rezeptfreie Medikamente wie Ibuprofen, verschreibungspflichtige Humanmedikamente, Schokolade, Trauben oder Rosinen, Zwiebeln, Knoblauch, xylitolhaltiger Kaugummi und einige Pflanzen wie Rhododendren, Tulpen und Narzissen. Du wirst überrascht sein, was dein Hund alles fressen möchte, selbst wenn es für dich nicht besonders appetitlich erscheint.

Andere Gefahren im Haushalt

„Achte auf Stufen, Treppen, abfallende Terrassen und Geländerstäbe, durch die sie schlüpfen können. Sperre Teppichbereiche ab und schließe Türen, um ihren Bereich zu verkleinern. Sammle alle Spielsachen auf und prüfe, ob Kabel oder Dinge vorhanden sind, die angeknabbert werden können."

Chad und Kristi Coopshaw
Riverbend Labradoodles

Foto von
Caitlyn Hallman

Neben Leckerbissen, die dein Hund möglicherweise verzehrt, kann es auch chemische Gefahren im Haus geben. Einige davon müssen verschluckt werden, um Schaden anzurichten, andere können aber auch schädlich für deinen Labradoodle sein, wenn er mit ihnen bloß in Kontakt kommt.

Reinigungsmittel wie Bleichmittel, Fensterreiniger und Badreiniger sollten alle weggeräumt werden. Der Toilettendeckel sollte geschlossen bleiben, damit dein Hund gerade nach einer Reinigung mit aggressiven Mitteln nicht daraus trinken kann.

Auch Rattengift ist äußerst gefährlich und kann bei Verzehr als Antikoagulans auf das Blut deines Hundes wirken (auch durch das Spielen mit einem Spielzeug, das damit in Kontakt gekommen sein könnte).

Seltsamerweise lieben Hunde den Geruch von Frostschutzmittel. Es hat einen süßlichen Geruch, der deinen Hund dazu verleiten könnte, daran zu lecken oder es zu trinken. Frostschutzmittel kann jedoch für deinen Hund tödlich sein und sollte unbedingt entfernt werden.

Schließlich ist eines der gefährlichsten Haushaltsgegenstände überhaupt eine Batterie. Wenn dein Hund mit einer Batterie spielt oder sie sogar verschluckt, kann dies zu schweren, lebensbedrohlichen Geschwüren in Maul, Rachen und Magen führen.

Grundausstattung

Als Orientierungshilfe ist hier eine grundlegende Einkaufsliste für deinen neuen Hund: ein Bett, eine Box, ein Halsband, eine Leine, ein Geschirr, Futter- und Wassernäpfe und einige unzerstörbare Spielzeuge wie ein Geweih, einen Kong® und einen Nylabone®. Diese Gegenstände müssen nicht neu sein, da die Wahrscheinlichkeit groß ist, dass dein Welpe sie zerstören könnte, wenn er zu zahnen beginnt. Wenn sie jedoch gebraucht sind, sollten sie auf jeden Fall in gutem Zustand und gründlich desinfiziert sein sowie keine losen oder ausgefransten Teile haben.

Du solltest auch eine Packung der Hundefuttermarke kaufen, mit der der Züchter deinen Welpen derzeit füttert, damit du ihn langsam an das Futter gewöhnen kannst, das du ihm geben möchtest, anstatt eine plötzliche Umstellung vorzunehmen, wenn du ihn nach Hause bringst.

Das Hundebett

Wenn es um die Wahl eines Bettes geht, denken viele: je größer, desto besser. Aber in Wirklichkeit fühlt sich dein Welpe wahrscheinlich am sichersten in einem Bett, das nur etwas größer als sein eigener Körper ist. So kann er die Seiten des Bettes nahe bei sich spüren, wie er es bei seinen Wurfgeschwistern gespürt hätte, wenn sie sich zusammengerollt haben. Das bedeutet, dass du das Bett wahrscheinlich mehrmals ersetzen musst, während er wächst.

Es gibt verschiedene Arten von Betten, die du kaufen kannst. Beliebt sind Betten mit harter Schale und weichen Innenkissen, flache Betten oder flache Betten mit weichen, erhöhten Seiten. Es gibt nicht das richtige oder das falsche Bett. Bei der Auswahl gibt es jedoch, neben der Größe, einige andere Dinge zu beachten. Erstens: die Dicke. Wenn du einen älteren Labradoodle hast, ist ein dickeres Bett möglicherweise besser als ein dünneres, da Labradoodles zu Gelenkdysplasie und Arthritis neigen. Ein dickeres Bett hilft, Gelenke zu schützen. Als Nächstes solltest du über das Innenmaterial nachdenken. Die Optionen sind normalerweise Schaumstoff, Füllwatte oder Perlen. Die Art des Füllstoffes ist besonders wichtig, wenn du einen Welpen hast. Welpen zerreißen gerne ihre Betten wenn sie zahnen. Kügelchen werden da sicherlich eine Sauerei verursachen und können verschluckt werden! Schlussendlich solltest du auch den äußeren Bezug beachten. Er sollte bequem, aber auch robust und wasserabweisend sein. Am besten sollte er auch abnehmbar sein, damit du ihn waschen kannst, sollte er schmutzig werden.

Die Box

„Wenn du mit der Box trainierst, mache nicht den Fehler, deinem Welpen eine riesige Box zur Verfügung zu stellen, in der er sich bewegen kann. Wenn sie an einer Stelle pinkeln und an einer anderen liegen können, werden sie das tun, aber es ist viel unwahrscheinlicher, wenn sie in ihrem eigenen Schmutz liegen müssten."

Robby Gilliam
Mountain View Labradoodles

Der Kauf einer Box für deinen Welpen ist unerlässlich, wenn du mit deinem Labradoodle Boxentraining machen möchtest. Hunde sind in freier Wildbahn Höhlentiere, weswegen eine Box viele emotionale Vorteile für deinen Hund bieten kann. Das Boxentraining wird in Kapitel 8 behandelt, aber zuerst musst du die Box kaufen. Du kannst aus vier verschiedenen Arten von Boxen wählen. Drahtboxen können zusammengeklappt werden, was sie attraktiv hinsichtlich des Transports und der Lagerung macht. Sie haben eine ausgezeichnete Luftzirkulation, solltest du in einem warmen Klima leben. Plastikboxen sind am stabilsten und können leicht gereinigt werden. Sie sind ideal für Flugreisen. Boxen mit weichen Seiten sind leicht und flexibel. Sie bilden bequeme Höhlen für deinen Hund, aber wenn du einen Hund hast, der kaut, sind sie am leichtesten zu zerstören. Schließlich gibt es noch Holzboxen. Diese sind nicht so verbreitet wie die anderen, da sie keine überlegenen Eigenschaften haben, abgesehen davon, dass sie am stilvollsten sind.

Hinsichtlich der Größe der Box solltest du eine kaufen die genug Platz bietet, damit dein Hund aufstehen und sich umdrehen, strecken sowie hinlegen kann, ohne die Seiten zu berühren. Ist die Box größer, könnte dein Hund sich auf der einen Seite zum Schlafen legen und die andere als Toilette benutzen. Wenn du eine Box kaufen möchtest, in die dein Hund hineinwachsen kann, solltest du nach einer mit Trennwänden suchen, damit du die Größe anpassen kannst. Alternativ kannst du einen Karton auf eine Seite der Box stellen, um die verfügbare Fläche zu verkleinern.

Sobald du deinem Welpen eine Box gekauft hast, solltest du sie gemütlich einrichten. Lege eine Decke oder ein Bett hinein sowie Spielzeuge. Du möchtest, dass dein Hund die Box als sicheren Rückzugsort annimmt, an dem er sich wohlfühlt. Am besten stellst du seine Box irgendwo im Haus auf, wo sie nicht im Weg ist, sie aber gleichzeitig gut belüftet wird. Wenn du sie in eine Ecke stellst, wo keine freie Luftzirkulation herrscht, könnte deinem Hund darin zu warm werden.

Foto von
Lilla Mizser

KAPITEL 6
Ankunft im neuen Zuhause

„Nimm dir etwas Zeit, um eine Bindung zu deinem neuen Welpen aufzubauen und mit ihm unter vier Augen zu arbeiten. Wenn du deinen Welpen nicht beobachten und ihm Aufmerksamkeit schenken kannst, sorge für einen sicheren Bereich (mit Zugang zu einem Toilettenplatz, falls der Welpe stundenlang allein sein wird). Halte überall in deinem Zuhause viele Kauspielzeuge in Reichweite – wenn der Welpe anfängt zu beißen, gib ihm ein Kauspielzeug. Es reicht nicht, einem Welpen zu sagen: ‚Nein, beiß keine Menschen‘! Du musst ihm auch sagen, was er beißen DARF. Ich empfehle dringend, ein paar Boxen zu haben – eine ziemlich große in dem Raum, in dem du die meiste Zeit verbringst, und eine kleinere in deinem Schlafzimmer für die Nacht. Oder du hast eine, die du von Raum zu Raum mitnimmst. Labradoodles sind extrem soziale Hunde und kommen NICHT gut zurecht, wenn sie die ganze Nacht allein gelassen werden.“

Carolyn DeBar
Doodle Around

Foto von
Laurie Page

Foto von
Dorie O'Shea

Wie wichtig ein Plan ist

„Sei darauf vorbereitet, beeindruckt zu sein. Jeder Tag im Leben eines Hundes, besonders eines Welpen, ist wichtig. Ein Welpe braucht gezielte Aufmerksamkeit, um ihn zu dem zu formen, was du als erwachsenen Hund haben möchtest. Setze ihn so vielen Erfahrungen wie möglich aus, während du ihn sicher hältst. Er ist auf dich angewiesen."

Jenny Walters
Blessings Labradoodles

Endlich ist der Tag gekommen, an dem du deinen Labradoodle-Welpen nach Hause holst! Wenn du dich auf den Weg zum Züchter machst, nimm unbedingt eine Transportbox fürs Auto sowie viele alte Handtücher mit. Bring auch das Halsband und die Leine deines neuen Welpen mit. Wenn du mehr als zwei Stunden fahren musst oder es am Abholtag sehr heiß ist, dann nimm Wasser und einen Napf mit. Falls du auf der Rückfahrt anhalten musst, damit dein Welpe eine Toilettenpause einlegen kann, dann achte darauf, dies in einem geschlossenen Bereich zu tun, für den Fall, dass er aus seinem neuen Halsband schlüpfen sollte. Eine Schleppleine ist zusätzlich zum Halsband und zur Leine bei einem brandneuen Hund nützlich, aber vernünftige Wachsamkeit ist entscheidender. Außerdem ist es ratsam, sich vor der ersten Impfung des Welpens nicht dort aufzuhalten, wo viele andere Hunde ausgeführt wurden.

Die Ankunft deines Welpen in seinem neuen Heim ist natürlich eine äußerst aufregende Zeit. Für deinen neuen Hund kann es jedoch ziemlich überwältigend sein. Er ist nicht nur an einem fremden Ort mit Menschen, die er nicht kennt, sondern auch weg von seiner Mutter und seinen Wurfgeschwistern, und das wahrscheinlich zum ersten Mal. Du solltest das Kennenlernen ruhig und zurückhaltend gestalten und deinem neuen Welpen erlauben, seine neue Umgebung in seinem eigenen Tempo zu erkunden. Achte darauf, dass er weiß, wo der Wassernapf steht, aber ansonsten lass ihn sich ohne zu viel Einmischung einleben. Er wird sicher müde sein und, nachdem die anfängliche Aufregung abgeklungen ist, bereit für einen langen Schlaf sein!

Die erste Nacht zu Hause

„Viele neue Welpenbesitzer wissen nicht, dass während der ersten 48 Stunden der Eingewöhnungsphase der Welpe oft wegen des Übergangs die Nahrung verweigert. Es ist wichtig, keine besonders verlockenden Lekkerlis anzubieten und ihr Futter nicht von dem zu ändern, was du langfristig füttern möchtest, denn sie werden dies dann erwarten und ihre normale Ernährung verweigern."

Jeana Bigelow
Blue Ridge Labradoodles

Die erste Nacht im neuen Heim wird eine unruhige sein. Es wird für deinen Welpen die erste Nacht weg von seiner Mutter und seinen Wurfgeschwistern sein, weswegen er sich einsam fühlen wird. Infolgedessen wird er wahrscheinlich einen großen Teil der Nacht winseln. Es gibt jedoch mehrere Möglichkeiten, wie du ihm helfen kannst, sich nachts zu beruhigen.

Erstens sollte er in einer Box schlafen. Diese wird für ihn wie eine Höhle sein. Wichtig für diesen Effekt ist, dass die Box nicht zu groß für ihn ist. Du kannst sie auch mit Kuscheltieren und Bettzeug gemütlich herrichten. Kuscheltiere eignen sich gut für einen Welpen zum Ankuscheln, da sie Trost und Wärme spenden. Du kannst das Kuscheltier sogar mitnehmen, wenn du den Wurf zum ersten Mal triffst, und beim Züchter lassen. Bei der Abholung des Welpen nimmst du es dann wieder mit und hast dann ein Spielzeug, das nach seinen Wurfgeschwistern riecht. Achte bei der Auswahl eines Kuscheltiers darauf, dass es speziell für Hunde hergestellt wurde, damit es widerstandsfähiger gegen

Foto von
Diane Walsh

das Kauen ist und keine Erstickungsgefahr durch beispielsweise harte Augäpfel oder synthetisches Haar ausgeht, die bei Kinderspielzeug vorkommen können.

Wenn dein Welpe winselt, solltest du ihn unter keinen Umständen aus seiner Box nehmen und mit ins Bett nehmen. Das führt zu einer unerwünschten Angewohnheit, die schwer zu brechen ist. Du musst ihn vielleicht nachts aus seiner Box nehmen, damit er im Garten sein Geschäft verrichten kann, aber danach solltest du ihn direkt wieder in seine Box zurückbringen. Du solltest ihm zu diesem Zeitpunkt keine Leckerlis geben oder mit ihm spielen, da er lernen muss, dass es Nachtzeit ist und er daher keine zusätzliche Aufmerksamkeit bekommt.

Mit Beharrlichkeit wird dein Welpe schnell lernen, sich nachts zu beruhigen.

„Eine Woche oder zwei mit gestörtem Schlaf sind üblich, wenn du einen neuen Welpen nach Hause bringst. Viele Familien sind nicht auf die anfängliche Anpassung an das Boxentraining für den Welpen vorbereitet oder darauf, den Welpen mitten in der Nacht für eine Toilettenpause nach draußen zu bringen. Dies dauert normalerweise nur ein oder zwei Wochen, aber es ist recht normal, dass wir E-Mails von müden Familien erhalten, die ein wenig Ermutigung brauchen, um den Anpassungsprozess weiter durchzuziehen."

Rochelle Woods -
Spring Creek Labradoodles

Das Kennenlernen der anderen Haustiere

„Hinsichtlich anderer Haustiere im Haus beginne damit, den Welpen in seiner Box zu lassen, wo er sich sicher fühlt, und stelle ihn seinen neuen pelzigen Familienmitgliedern langsam vor. Sobald klar ist, dass alle miteinander auskommen werden, versuche, den Welpen herauszulassen, damit er selbst erkunden kann. Dies wäre ein guter Zeitpunkt, um Leckerlis an alle zu verteilen. Halte es positiv."

Jenny Williams
Happy Go Lucky Labradoodles

Wenn du bereits einen Hund hast, dann erwarte nicht, dass du mit deinem neuen Welpen durch die Haustür kommst und dass dein ansässiger Hund direkt beeindruckt sein wird! In den Wochen vor der Ankunft deines Labradoodles ist es sinnvoll, Hunde von Freunden zu dir nach Hause einzuladen, damit dein Hund sich daran gewöhnt, sein Territorium zu teilen. Dies wird die Spannung bei der ersten Begegnung mildern. Am besten treffen sich dein ansässiger Hund und der neue Welpe jedoch draußen in einem gesicherten Garten, wo sie viel Platz haben und die Dinge in ihrem eigenen Tempo angehen können. Eine andere Strategie besteht darin, den ansässigen Hund aus dem Haus zu nehmen, während der neue Welpe sich zu Hause einrichtet, und dann den ansässigen Hund hineinzubringen, damit er den Neuankömmling bereits auf dem Gelände vorfindet, anstatt den neuen Hund durch die Tür zu bringen, um den ansässigen Hund zu treffen.

Wenn du Katzen hast, solltest du darauf achten, den Welpen vor einem gezielten Krallenhieb zu schützen. Katzen sind geschickt darin, auf sich selbst aufzupassen. Bei einer Konfrontation könnte es gut sein, dass dein Hund schlechter wegkommt als deine Katze. Solltest du einen erwachsenen Labradoodle in dein Zuhause bringen, dann finde im Vorfeld heraus, ob er Katzen toleriert. Es kann schwieriger sein, die Einstellung eines älteren Hundes zu ändern, als die eines Welpen. Tierschutzorganisationen testen ihre Hunde oft in Pflegefamilien auf Katzenverträglichkeit, bevor sie sie vermitteln.

Bei kleinen Haustieren wie Kaninchen, Meerschweinchen, Nagetieren und Hühnern ist bei Anwesenheit eines Hundes immer Vorsicht geboten. Die meisten Labradoodles können jedoch mit Haustieren sozialisiert werden und lernen, dass sie in Ruhe gelassen werden sollten.

Dein neuer Hund und Kinder

„Welpen erkunden ihre Welt mit dem Maul, genau wie Babys, also sei sehr sorgfältig, um ihre Sicherheit zu gewährleisten. Wenn sie versuchen, in Finger und Zehen zu beißen, gib ihnen ein festes NEIN und tippe dann mit deinem Finger auf ihre Nase."

Dixie Springer
Springville Labradoodles

Labradoodles sind hervorragende Familienhunde. Dennoch sollten alle Kinder, unabhängig von ihrem Alter, von Anfang an lernen, wie man sich in der Nähe von Hunden verhält, denn so ausgeglichen der Labradoodle auch sein mag, es ist immer möglich, einen Hund unfairerweise an die Grenzen seiner Toleranz zu bringen.

Bevor du deinen neuen Hund nach Hause bringst, solltest du deinem Kind oder deinen Kindern viele Gelegenheiten geben, mit den gutmütigen Hunden von Freunden zusammen zu sein. Bringe ihnen bei, wie man sich ruhig einem Hund von der Seite nähert, damit der Hund sie sehen kann. Zeige ihnen, wie man den Hund sanft am Nacken streichelt, um „Hallo" zu sagen. Wenn der Hund es akzeptiert, können sie sanft seinen Rücken und seinen Kopf streicheln und leise mit ihm sprechen. Bringe ihnen bei, einen Hund niemals zu erschrecken, an seinen Ohren oder seinem Schwanz zu ziehen, in seine Augen zu stechen oder auf ihm zu reiten wie auf einem Pony. Und stelle sicher, dass dein Kind weiß, dass es niemals einen Hund streicheln soll, wenn er frisst oder schläft. Ältere Kinder können lernen, die Körpersprache eines Hundes zu erkennen. Wenn ein Hund beispielsweise seine Lippen zurückzieht, sagt er dir, dass du zurücktreten sollst, und gibt damit ein Warnsignal, dass er beißen könnte. Und wenn ein Hund starr wird, genießt er die Aufmerksamkeit auch nicht. Aber ein entspannter Hund mit leuchtenden Augen, offenem Maul und wedelndem Schwanz ist bereit für ein Spiel – solange es nicht zu rau wird!

Mit einem Hund aufzuwachsen ist die beste Erziehung, die ein Kind hinsichtlch Fürsorge und Respekt erhalten kann. Du solltest dein Kind so weit wie möglich in die täglichen Bedürfnisse deines Hundes einbeziehen: beim Füttern, Spazierengehen und bei Tierarztbesuchen. Auf diese Weise lernt dein Kind nicht nur wertvolle Lektionen, die in der Schule nicht gelehrt werden, sondern dein Hund lernt auch, das Kind als über ihm in der Rangord-

Foto von
Gwen Benedict

nung stehend zu respektieren, was ihn davon abhält, die Hierarchie in Frage zu stellen und das Kind zu dominieren.

Der erste Tierarztbesuch

Du solltest deinen Welpen immer innerhalb der ersten Tage nach seiner Ankunft zum Tierarzt bringen. Dadurch lernst du den Tierarzt kennen und stellst sicher, dass dein Welpe gesund ist. Sollte dies nämlich nicht der Fall sein, kannst du ihn möglicherweise zum Züchter zurückbringen.

Eine Welpenuntersuchung umfasst normalerweise nicht die ersten Impfungen, da diese oft vom Züchter erledigt wurden. Wenn der Züchter diese jedoch durchgeführt hat, dann solltest du die Impfungen bei deinem ersten Besuch machen lassen. Impfungen werden in Kapitel 13 ausführlicher behandelt. Bei einer Welpenuntersuchung wird dein Tierarzt zunächst das Maul überprüfen. Er wird nach Anomalien wie schlecht durchgebrochenen Milchzähnen, einem Vor- oder Rückbiss oder einer Gaumenspalte suchen. Als Nächstes überprüft er die Augen auf ihre Lidform. Entropium (nach innen gedrehte Augenlider) oder Ektropium (nach außen gedrehte Augenlider) können beim Heranwachsen Probleme und schmerzende Augen verursachen. Nach den Augen überprüft er das Herz auf Herzgeräusche, die auf Entwicklungsdefekte hindeuten könnten. Der Tierarzt wird auch den Darm abtasten, um Entzündungen auszuschließen, da Welpen in diesem Alter anfällig für Parasiten sind. Und schließlich wird er nach einem Nabelbruch suchen.

Nach dem Tierarztbesuch kannst du, falls es Probleme gibt, dies mit dem Züchter besprechen. Einige Züchter nehmen den Welpen gerne zurück, und einige könnten zustimmen, einen Teil der Tierarztkosten zu übernehmen.

Welpenkurse

„Labradoodles sind äußerst leicht zu trainieren. Normalerweise sind es die Besitzer, die Training brauchen, daher hilft ein Welpenkurs dem neuen Besitzer um zu lernen, wie man mit seinem neuen Welpen kommuniziert. Die Zeit, die du am Anfang investierst, zahlt sich wirklich aus."

Sheila Flores
Oregon Labradoodles

Foto von
Kelly Lindloff

Welpenkurse werden manchmal von deiner örtlichen Tierarztpraxis angeboten und wenn nicht, kann dir dein Tierarzt sicherlich einen seriösen Kurs in deiner Nähe empfehlen. Welpenkurse zu besuchen ist eine gute Idee, da sie ein brillanter Ausgangspunkt für die Sozialisierung deines Welpen sind. Viele Verhaltensprobleme haben ihre Wurzeln in schlechter Sozialisierung.

Welpenkurse beginnen in der Regel mit freiem Spiel, bei dem die Welpen miteinander interagieren können. Für die ruhigeren Welpen wird ein guter Kursleiter den Kurs so gestalten, dass Welpen in kleinen Gruppen zusammen spielen können, damit sie Selbstvertrauen aufbauen können. Nach einigen Spieleinheiten werden möglicherweise einige grundlegende Kommandos eingeführt, wie „Sitz" und „Bleib", sowie das Laufen an der Leine geübt. Einige Welpenkurse überlassen die Kommandos jedoch möglicherweise einem dafür ausgelegten Grundkurs.

Trennungsangst

Trennungsangst ist ein häufig auftretendes Merkmal beim Pudel. Der entspanntere Labrador Retriever ist davon seltener betroffen, obwohl beide Rassen ihre Menschen bedingungslos lieben und Tag und Nacht bei ihnen sein wollen.

Dein Labradoodle-Welpe wird in den ersten Wochen in seinem neuen Heim vermutlich unter Trennungsangst leiden, da er es nicht gewohnt ist, allein zu sein. Er hat bisher nur die Gesellschaft seiner Wurfgeschwister gekannt und war nie weit vom Züchter entfernt. Du bist jetzt der Elternteil, auf den er seine Abhängigkeit geprägt hat, und dein Welpe könnte gestresst sein, wenn du den Raum verlässt oder du von ihm möchtest, dass er nachts allein unten schläft.

Was seine Schlafgewohnheiten betrifft, wird das Boxentraining dringend empfohlen. In der Box ist er nicht nur während deiner Abwesenheit sicher untergebracht: Dein Welpe wird sie bald auch als eine sichere Höhle betrachten und als einen Ort, an dem er sich entspannen kann. Dieses Gefühl wird bei Trennungsangst in der Nacht helfen, besonders wenn er zuvor einen guten Abendspaziergang oder eine ausgiebige Spieleinheit hatte und körperlich und geistig müde ist.

Die Box bringt auch dir Seelenfrieden, denn wenn du außer Haus bist und deinen Hund allein zu Hause lassen musst, dann weißt du, dass er nicht das Haus zerstören wird. Stattdessen befindet er sich in einem sicheren Raum, in dem er sich wohlfühlt. Wenn dein Hund aufgeregt ist sobald du ihn verlässt, musst du die Zeit, die er allein gelassen wird, schrittweise verlängern. Mache weder ein großes Aufheben darum wenn du gehst oder wenn du zurückkommst. Sonst denkt dein Hund, es gäbe wirklich etwas, was seine Aufregung wert ist. Bring ihn einfach ruhig mit einem Leckerli in seine Box und wenn du zurückkommst, dann lässt du ihn ohne viel Aufhebens raus. Warte dann darauf, dass er sich beruhigt hat, um ihn mit etwas Aufmerksamkeit und einem Leckerli zu belohnen.

Lasse deinen Hund zu Beginn nur für eine Minute allein und baue die Zeitspanne allmählich auf. Lass deinen Hund jedoch nie länger als 4 Stunden allein, ohne dafür zu sorgen, dass er rausgelassen wird, falls du nicht selbst innerhalb dieser Zeit zurückkommen kannst.

Viele Besitzer finden eine Hundekamera nützlich, um das Verhalten des Hundes während ihrer Abwesenheit beobachten zu können. Du wirst vielleicht angenehm überrascht sein, dass das Winseln bald aufhört und dein Hund sich für einen friedlichen Schlaf niederlässt, bis er dich zurückkommen hört. Wenn du andererseits siehst, dass dein Hund gestresst bleibt, musst du möglicherweise langsamer vorgehen und wieder dazu übergehen, ihn nur für kurze Zeit allein zu lassen.

Einige Besitzer finden, dass das Einschalten von Radio oder Fernsehen bei Trennungsangst hilft, da es den Hund ablenkt, ihm das Gefühl gibt, jemand sei da, und Geräusche von draußen überdeckt.

Abgesehen vom schrittweisen Aufbau der Zeit, die du von deinem ängstlichen Hund getrennt bist, kann ein Hundegefährte bei Trennungsangst helfen. Labradoodles sind gesellig und genießen normalerweise die Gesellschaft anderer Hunde, wodurch ein umgänglicher Freund deinem Labradoodle ein Gefühl von Sicherheit geben kann. Er wird sich weniger allein fühlen, wenn du nicht da bist. Zwei Hunde mit Trennungsangst werden jedoch keine gute Gesellschaft füreinander sein, sondern ihre Ängste verstärken, also wähle seinen Freund sorgfältig aus. Es ist am besten, zwei Welpen zusammen aufzuziehen, da sie dann mit der Hierarchie im Haushalt aufwachsen. Solltest du den zweiten Hund jedoch erst später im Leben deines Labradoodles einführen, tue dies auf einfühlsame Weise und gib ihm Zeit und Abstand vom Neuzugang. Auf diese Weise können sie langsam beginnen, ihre Positionen im Haushalt herauszufinden, ohne zusätzlichen Stress zu verursachen.

Bei einem Hund, der unter extremer Trennungsangst leidet, wird diese jedoch nicht durch die Anwesenheit eines anderen Hundes gelindert, da der Stress auf dem Fehlen menschlicher Gesellschaft beruht. Wenn du einen Welpen gekauft hast, wirst du dich mit geringerer Wahrscheinlichkeit in dieser Situation wiederfinden, da du von Anfang an die Kontrolle über sein Training und seine Sozialisierung hast und so einen ausgeglichenen und selbstbewussten Hund schaffen kannst. Wenn du jedoch einen älteren Labradoodle aus einem Tierheim adoptiert hast, solltest du von der Rettungsorganisation darüber informiert worden sein, ob er Probleme mit Trennungsangst hat. Diese ist oft der Hauptgrund, warum ein Hund im Tierheim landet, besonders wenn die vorherige Familie des Hundes berufliche Verpflichtungen hatte und tagsüber nicht anwesend sein konnte. Daher ist jede seriöse Rettungsorganisation bestrebt, Trennungsangst bei Hunden zu identifizieren, und wird sie nur an geeignete Familien vermitteln, die die notwendige Aufmerksamkeit bieten können.

Foto von
Laura Lord

KAPITEL 7
Persönlichkeit

*„Diese Hunde haben eine ausgeprägte Persönlichkeit und kommu-
nizieren gerne, was sie fühlen. Sie lassen dich wissen, ob sie glücklich,
traurig, unzufrieden usw. sind. Es ist bei dieser Rasse sehr wichtig, sie
nicht übertrieben zu verwöhnen, denn sie lernen schnell, wie sie ihren
Willen durchsetzen können – auch bei negativen Angewohnheiten."*

Jeana Bigelow
Blue Ridge Labradoodles

Obwohl Labradoodle in allen Formen, Größen und Farben vorkommen, sollte eines relativ konstant sein: ihre übergroße Persönlichkeit! Tatsächlich ist dies die Hauptattraktion der Rasse und ein
zuverlässigeres Merkmal als das nicht haarende, hypoallergene Fell.

Foto von
Ted Micucci

Foto von
Lilla Mizser

Wesen

„Ihre Persönlichkeiten sind es, die Labradoodle so besonders machen. Sie sind verspielt und lustig, aber gleichzeitig entspannt und unkompliziert.“

Jenny Walters
Blessings Labradoodles

Wie bei jeder Hybridrasse ist der Labradoodle ein Produkt der Rasseeigenschaften und Temperamente seiner Eltern. Daher könnte man bei der großen Vielfalt der Labradoodle-Mischlinge weltweit – von direkten Labrador/Pudel-Kreuzungen über multigenerationale Labradoodles bis hin zum Australischen Labradoodle mit weiteren Rassen in der Zuchtlinie – eine ganze Bandbreite an Temperamenten erwarten. Dennoch verfolgt jeder seriöse Labradoodle-Züchter dasselbe Ziel: einen intelligenten, liebevollen Familienhund.

Labradoodles der ersten Generation (F1), gezüchtet aus einem Labrador Retriever und einem Pudel, zeigen am ehesten Unterschiede im Temperament, je nachdem, welchen Anteil sie von den Rassen erben. Allerdings teilen Labrador und Pudel viele gemeinsame Eigenschaften, die weitergegeben werden sollten, darunter Intelligenz, Spielfreude, Trainierbarkeit, das hohe Energieniveau und ein liebevolles Wesen. Temperamentsunterschiede, die im Wurf auftreten können, spiegeln möglicherweise die natürliche Zurückhaltung des Pudels gegenüber Fremden, sein ruhigeres Wesen, die

Sturheit oder Sensibilität wider. Eine frühe Sozialisierung des Labradoodles hilft, das Selbstvertrauen deines Hundes aufzubauen, falls er nicht das von Natur aus gesellige Temperament des Labrador Retrievers geerbt hat.

Der Vorteil einer Verpaarung der ersten Generation besteht darin, zumindest solange beide Rassehunde beim Zuchtverband registriert sind, dass das Temperament der Eltern dem jeweiligen Rassestandard entspricht und die üblichen Gesundheitschecks durchgeführt worden sind. Achte daher darauf, dass die Elterntiere über gut dokumentierte Persönlichkeitsmerkmale verfügen.

Multigenerationale Labradoodles haben ein vergleichsweise vorhersehbareres Temperament, da beide Elternteile derselben Rasse angehören. Die Zuchttiere werden fast immer aufgrund ihres ausgezeichneten Charakters und der Persönlichkeit ausgewählt. Solange keine andere Rasse in die Zuchtlinie eingebracht wurde, die ein unerwünschtes Merkmal einschleu-

Foto von
Blair Brainard

Foto von Erin Bock

sen könnte, solltest du eine gewisse Garantie haben, dass dein multigenerationaler Labradoodle-Welpe ein typischer, liebenswerter Wirbelwind sein wird. Dennoch ist es durch nichts zu ersetzen, deinen Welpen persönlich kennenzulernen und eine Verbindung aufzubauen, bevor du ihn mit nach Hause nimmst.

Bedenke, dass dein Labradoodle in der Regel ein überschwänglicher Hund sein wird. Wenn er von einem Großpudel statt von einem Zwergpudel abstammt, dann wird er außerdem zu einer beachtlichen Größe heranwachsen. Du solltest dir daher gut überlegen, ob du und deine Familie mit einem großen und lebhaften Hund zurechtkommen. Es ist wichtig, ihm frühzeitig gute Manieren beizubringen, damit seine natürliche Überschwänglichkeit im Erwachsenenalter keine Verletzungen nach sich zieht. Einen erwachsenen Labradoodle ohne Erziehung in einen Haushalt mit Kleinkindern oder älteren Menschen zu bringen ist wahrscheinlich keine gute Idee.

Spielen und Spielzeug

„Nachdem der Welpe alle seine Impfungen bekommen hat, kannst du ihn zur Sozialisierung an verschiedene Orte mitnehmen. Tritt Facebook-Gruppen bei, um andere Menschen mit Labradoodles und Goldendoodles kennenzulernen. Die meisten organisieren Doodle-Treffs. Es macht Spaß, andere Doodles zu treffen, möglicherweise sogar einige von deinem Züchter. Außerdem kann dein Hund mit den Hunden deiner Freunde Kontakte knüpfen."

Dixie Moore
Dixie's Doodles

Der Labradoodle ist von Natur aus ein sehr verspielter Hund und wird der ganzen Familie endlose Unterhaltung und Beschäftigung bieten. Das gemeinsame Spielen ist auch eine perfekte Möglichkeit, zusätzliche Bewegung und geistige Anregung zu bieten, da die Rasse viel körperliche Aktivität benötigt und eine niedrige Langeweile-Schwelle hat.

Labradoodles können jedoch zerstörerisch sein, besonders im Welpenstadium während des Zahnens. Daher sollte jedes Spielzeug, das du deinem Hund gibst, so unzerstörbar wie möglich sein und täglich auf Beschädigungen überprüft werden. Ein Starter-Set für deinen Labradoodle könnte einen Nylabone® enthalten, einen knochenförmigen Kauknochen aus Nylon, der nicht splittern oder brechen kann, und einen Kong®, einen hohlen Gummikegel, auf dem dein Hund kauen kann und den du auch mit Lekkerbissen füllen kannst, die er dann herausarbeiten muss. Du kannst dafür einen Teil des normalen Futters deines Hundes verwenden oder den Kong® mit einer weichen Leckerei wie Pastete oder Erdnussbutter füllen. Achte darauf, dass die verwendete Erdnussbutter kein Xylit enthält. Xylit ist ein künstlicher Süßstoff, der für Hunde giftig ist.

Hirschgeweihe sind ebenfalls ausgezeichnete Kauartikel für einen Labradoodle, da sie nicht splittern. Daher sind sie sicherer als Knochen. Gerade gekochte Knochen sollten übrigens niemals gegeben werden! Vermeide außerdem Kauartikel aus Rinderhaut, die in der Regel Chemikalien enthalten und beim Verschlucken Verstopfungen verursachen können.

Dein zahnender Welpe muss kauen, um die mit dem Zahnen einhergehenden Beschwerden zu lindern. Wenn du ihm kein geeignetes Spielzeug gibst wird er sich unweigerlich an deinen Hausschuhen oder Möbeln zu schaffen machen.

Dein Labradoodle wird wahrscheinlich verrückt nach Bällen sein! Es gibt jedoch bei Bällen einige wichtige Punkte zu beachten. Erstens sollte dein Welpe nicht mit hoher Geschwindigkeit Apportieren spielen, da seine jungen Knochen und sich entwickelnden Gelenke noch nicht für abrupte Wendungen und Belastungen bereit sind. Auch erwachsene Hunde brauchen Mäßigung bei Apportierspielen und gerade die Ballschleuder kann bei übermäßigem Gebrauch viel Schaden anrichten. Zweitens solltest du deinen Ball sorgfältig auswählen. Tennisbälle werden nicht empfohlen, da sie in zwei Hälften zerbrechen und in den Atemwegen oder im Magen des Hundes stecken bleiben können. Sie haben außerdem eine Faserbeschichtung, die nicht verdaulich ist. Selbst einige massive, tennisballartige Bälle für Hunde haben diese Beschichtung, die Hunde gerne abkauen wenn sie unbeaufsichtigt sind. Ein massiver Gummiball ist am besten geeignet. Dein Hund vergräbt diesen vielleicht gerne im Garten, daher könntest du ihm einen speziellen Grabbereich zuweisen, um zu verhindern, dass dein gesamter Garten in eine Mondlandschaft verwandelt wird. Dein erwachsener Labradoodle könnte auch Freude daran haben einen platten Fußball zu apportieren. Den kann er mit dem Maul greifen und gleichzeitig ist er zu groß, um daran zu ersticken.

Andere Apportierspielzeuge sind Gummiringe, Gummistöcke oder Frisbees. Spielzeuge, die im Wasser schwimmen, können für einen wasserliebenden Labradoodle besonders spaßig sein. Hunde sollten niemals natürliche Stöcke apportieren oder darauf kauen dürfen, da diese häufig im Hals stecken bleiben und das weiche Gewebe durchbohren können. Jeder Tierarzt kann die Gefahren von Verletzungen durch Stöcke und Äste bestätigen.

Seilspielzeuge sind bei Hundebesitzern beliebt, sollten aber täglich auf lose Fransen überprüft und entsprechend entsorgt werden, wenn sie zu ausgefranst sind.

Die meisten Hunde genießen eine Runde Tauziehen mit einem Seil oder Gummispielzeug. Einige Trainer raten jedoch bei diesen Spielen zur Vorsicht. Der Grund dafür ist, dass der Hund ein Gefühl der Dominanz entwickeln könnte, wenn er ständig gewinnen darf. Besonders Kinder lassen den Hund öfter gewinnen, weil der Hund stärker ist, und Hunde dominieren Kinder leicht in der Familienhierarchie. Dies solltest du im Hinterkopf be-

Foto von
Donna Hinde

halten, wenn du Anzeichen von dominantem Verhalten bei deinem Labradoodle bemerkst.

Schnüffelmatten sind eine neuartige Spielzeugvariante, um den geschäftigen Geist deines Labradoodles zu beschäftigen. Diese Matten bestehen aus Fleece-Streifen mit hohem Flor, in denen du einen Teil des Trockenfutters deines Hundes oder kleine Leckerbissen verstecken kannst. Wasche sie regelmäßig, da sich in den Textilfasern Bakterien ansammeln können. Wenn dein Labradoodle sein Futter hinunterschlingt, kannst du ihm auch die Herausforderung eines Anti-Schling-Napfes bieten: eine Plastikschale mit geformten Erhebungen, die dein Hund mit seiner Zunge umgehen muss, um sein Futter zu bekommen.

Es gibt auch Möglichkeiten ohne Spielzeug der verspielten Natur deines Hundes nachzugehen. Das Offensichtlichste ist das Spielen mit anderen Hunden. Wenn du zu Hause keinen Spielgefährten für ihn hast, dann sind Welpenkurse ein guter Anfang. Ein gut sozialisierter Labradoodle wird dann den Hundepark umso mehr genießen können. Lass deinen Hund nicht auf einen angeleinten Hund zugehen und achte auf defensive Körpersprache bei anderen Hunden, wie Steifheit oder zurückgezogenes Zahnfleisch. Denk an die Drei-Sekunden-Regel: Wenn dein Hund einen anderen Hund begrüßt und sie anfangen, aneinander zu schnüffeln, und einer von beiden drei Sekunden lang eine abwehrende Haltung zeigt, dann ist es Zeit, deinen Hund wegzuführen, bevor es zu einer Konfrontation kommt.

Intelligente, aktive Hunde wie Labradoodles haben möglicherweise auch Freude an Agility und Flyball sobald sie ausgewachsen sind. Weitere Informationen zu diesen Aktivitäten findest du in Kapitel 9.

KAPITEL 8
Training

„Labradoodles sind extrem intelligent und brauchen früh ein gutes Fundament an Manieren. Ihre Energie kann zu schlechtem Verhalten führen, wenn sie nicht positiv gelenkt wird. Oftmals, besonders wegen der Beliebtheit des Labradoodles, hat ein neuer Besitzer eine ‚Vorstellung' von diesem perfekten Hund, der sich automatisch so verhalten wird. Das ist nicht die Realität. Ja, Labradoodles sind tolle Hunde mit äußerst wünschenswerten Eigenschaften; allerdings werden gute Hunde gemacht, nicht einfach geboren. Es braucht Arbeit, Konsequenz und viel Geduld, um jeden Hund zu einem gehorsamen, wohlerzogenen Teil deiner Familie zu machen."

Jenny Williams
Happy Go Lucky Labradoodles

Labradoodles sind als menschliche Begleiter gezüchtet und von Natur aus gibt es nichts, was sie mehr wollen, als ihr Leben mit dir zu teilen. Um eine glückliche Partnerschaft zu erreichen müssen sie jedoch ihre angeborene Intelligenz nutzen, um einige Regeln zu lernen. Die gute Nachricht ist, dass Labradoodles mit konsequentem und striktem, belohnungsbasiertem Training sehr gut zu erziehen sind. Das Prinzip dabei ist, dass dein Hund nicht für negatives Verhalten bestraft wird, sondern ermutigt wird, ein gewünschtes Verhalten zu zeigen für das er dann belohnt wird. Das gibt ihm einen großen Anreiz, dir zu gefallen, und stärkt eure Bindung.

Konsequent und bestimmt zu sein ist bei deinem Labradoodle besonders wichtig, denn obwohl er intelligent ist, können seine Pudel-Gene ihn stur machen. Er kann auch zu einem großen, überschwänglichen Hund heranwachsen, daher ist es besonders wichtig, dass er nicht zu einer Herausforderung wird, wenn er älter wird.

Egal ob du mit einem Welpen beginnst oder einen Hund aus dem Tierschutz neu erziehst, lokale Hundeschulen sind sehr zu empfehlen. Da deine Trainingsmethoden konsequent sein sollten, sind die Tipps in diesem Kapitel nur Vorschläge und du solltest bei dem bleiben, was dir in deinen Kursen beigebracht wird – es sei denn, die Dinge funktionieren nach einer fairen

Foto von
Debbie Allsopp

Chance immer noch nicht für dich. Die meisten Kurse lehren positive Ver-stärkung mit kleinen Leckerli-Belohnungen und oft auch mit einem Clicker. Clicker funktionieren besonders gut bei Labradoodles, da sie ein klares und konsequentes Signal sind, dass er das getan hat, was von ihm verlangt wur-de. Vielleicht bekommst du in deinem ersten Kurs einen Clicker. Wenn nicht, kannst du sie im Zoohandel oder online kaufen.

Wenn du neu im Hundetraining bist und dich überfordert fühlst, dann solltest du dich niemals schlecht fühlen, wenn du einen Profi zur Hilfe rufst. In den meisten Fällen wird ein Profi dir dabei helfen, negatives Verhalten im Keim zu ersticken. Außerdem ist es beruhigend, beim Training deines Hundes Unterstützung zu haben, da es für euch beide Spaß machen sollte, anstatt eine stressige Erfahrung zu sein.

Arten des Trainings

Es gibt vier Arten des Trainings, die ein Hundetrainer anwenden könnte. Verschiedene Trainingsarten passen zu unterschiedlichen Hunden, aber im Allgemeinen wird ein belohnendes, freundliches, aber bestimmtes Training eine liebevolle Bindung aufbauen, bei der dein Hund dich trotzdem als Rudelführer respektiert.

Positive Verstärkung

„Sie [Labradoodle] sind sehr leicht zu trainieren, bevorzugen aber positive Verstärkung und Clickertraining. Sie möchten glauben, dass das Training ihre Idee war und nicht erzwungen wurde. Sie werden durch Spaß, Aufmerksamkeit und einen gelegentlichen, leckeren Snack motiviert."

Chad und Kristi Coopshaw
Riverbend Labradoodles

Positive Verstärkung bedeutet, dass die Handlung des Hundes zu einer Belohnung führt. Ein Beispiel: Wenn dein Hund sitzt, gibst du ihm ein Lekkerli. Dies ist eine beliebte Trainingsmethode bei den meisten Trainern. Wie bereits erwähnt verwenden einige Trainer einen Clicker als positive Belohnung. Wenn dein Hund etwas Gutes tut, wird der Clicker betätigt und dabei ein Leckerli gegeben. Bald wird dein Hund den Klick mit einer Belohnung verbinden. Dies ermöglicht eine sofortige, ablenkungsfreie, konsistente Belohnung, die jedes Mal gegeben werden kann.

Positive Bestrafung

Positive Bestrafung bedeutet, dass die Handlung des Hundes etwas Negatives geschehen lässt. Zum Beispiel wird der Hund für schlechtes Verhalten angeschrien. Es ist nicht üblich, dass belohnungsbasierte Trainer positive Bestrafung anwenden.

Negative Verstärkung

Negative Verstärkung bedeutet, dass die Handlung des Hundes dazu führt, dass etwas Negatives verschwindet. Wenn ein Hund zum Beispiel liegt, der Trainer aber möchte, dass er aufsteht, übt er Druck auf den Nakken aus, indem er an der Leine zieht. Wenn der Hund aufsteht, wird die Leine locker und der unangenehme Druck verschwindet.

Negative Bestrafung

Negative Bestrafung bedeutet, dass das Verhalten des Hundes dazu führt, dass etwas Positives verschwindet. Ein klassisches Beispiel ist, wenn ein Hund hochspringt und die Person ihm den Rücken zudreht, wodurch die Aufmerksamkeit entzogen wird.

Bedeutung der Sozialisierung

„Eine Sache, die ich vorschlage, ist, die neuen Haustiere außerhalb des Hauses zu treffen, damit es keine Art von 'Besitz'-Aggressivität gibt. Wenn du einen neuen Welpen in dein Zuhause bringst, empfehle ich, einen Kausnack überall am neuen Welpen zu reiben, bevor du ihn den vorhandenen Hunden gibst. Die ganze Zeit, während sie ihren Leckerbissen genießen, riechen sie den Welpen, und wenn sie fertig sind, ist der Welpe hoffentlich einfach Teil der Familie."

Carolyn DeBar
Doodle Around

Dein Züchter wird den Sozialisierungsprozess begonnen haben, bevor du deinen neuen Welpen überhaupt abgeholt hast, denn je früher ein Hund positive Begegnungen mit anderen Hunden und Menschen hat, desto weniger wahrscheinlich ist es, dass er später reaktiv wird. Aber diese frühen Wochen sind nur der Anfang, und der wichtigste Teil des Trainings deines Labradoodles ist die Fortsetzung seiner Sozialisierung ab dem Tag, an dem er bei dir eingezogen ist.

Welpenkurse sind dafür ideal, weil sie deinem Hund die Chance geben, sich mit anderen Welpen in der gleichen Lebensphase auszutauschen. Welpen haben eine eigene Sprache, die dein Hund seit der Trennung von seinen Wurfgeschwistern vermisst hat. Dein Welpe kann mit Kursen beginnen und mit anderen Hunden kommunizieren, sobald er seine ersten Impfungen bekommen hat. Welpenkurse gehen oft nach einigen Wochen in Training-skurse über, sodass dein Labradoodle mit seinen neuen Freunden zusammen den Abschluss machen und gemeinsam die Schule durchlaufen kann!

Wenn du einen älteren Hund adoptiert hast, der nervös oder reaktiv ist, dann kann es sein, dass Kurse zu stressig für ihn sind und du ihn im Einzeltraining langsam mit anderen Hunden sozialisieren musst. Dies geschieht am besten auf neutralem Boden. Du kannst beispielsweise mit einem Freund, der einen ruhigen und freundlichen Hund hat, einen entspannten Spaziergang machen. Von hier aus kannst du den Kreis vertrauenswürdiger Hundefreunde erweitern und damit beginnen, Treffen auf dem Heimatgebiet deines Hundes und auf dem Gebiet seiner Freunde zu arrangieren. Jeder kleine Schritt wird deinen nervösen Hund allmählich sozialisieren, bis er sich wohler fühlt bei Hunden, die er zum ersten Mal trifft.

Foto von
Katherine Horn

Der schlimmste Rückschlag, der während des Sozialisierungsprozesses passieren kann, ist, wenn eine Begegnung schiefgeht. Es ist deine Aufgabe, die Körpersprache deines Hundes und des Hundes, den er trifft, zu erkennen. Es gibt normalerweise Anzeichen dafür, dass eine Konfrontation bevorsteht. Diese beginnen mit Steifheit und einem Zurückziehen des Zahnfleisches. Sollten die Hunde sich länger als drei Sekunden anstarren, dann ist es Zeit, wegzugehen.

Wenn du die Erfahrungen deines Hundes positiv hältst, auch wenn es Wachsamkeit deinerseits erfordert, wirst du sicherstellen, dass er die Gesellschaft seiner Artgenossen fast genauso liebt wie dich!

Grundkommandos

„Sie [Labradoodle] sind eine der am leichtesten zu trainierenden Rassen, die wir gefunden haben, solange du mit der richtigen Persönlichkeit zusammenkommst. Deshalb ist es so wichtig, einen Züchter zu finden, der Temperamentstests durchführt und dich mit dem perfekten Hund für dich zusammenbringt. Wenn ihre Persönlichkeit zu dir passt, ist das Training ein Kinderspiel, weil sie genau in dein Leben und deinen Lebensstil passen."

Robby Gilliam
Mountain View Labradoodles

Deinem Hund Grundkommandos beizubringen ist eine großartige Möglichkeit, um eine Bindung zu deinem Labradoodle aufzubauen und ihn gleichzeitig sicher und unter Kontrolle zu halten. Bevor du versuchst, ein Kommando zu lehren, brauchst du die volle Aufmerksamkeit deines Labradoodles. Wenn er ein typischer, auf Futter fixierter Labradoodle ist, wird er bereits auf die Leckerlis in deiner Tasche fixiert sein. Wenn er jedoch viele Ablenkungen hat, wie andere Welpen im Kurs, fühlt er sich möglicherweise hin- und hergerissen. Es ist wichtig, das Training in der Ruhe deines eigenen Zuhauses oder Gartens fortzusetzen, um deine Erfolge zu festigen.

Sitz

Hocke dich hin oder setze dich und platziere deinen Hund dir gegenüber. Lass ihn das Leckerli in deiner geschlossenen Hand riechen und sage ihm „Schau mich an". Wenn du seine volle Aufmerksamkeit hast, gib

Foto von
Betsy Glennon

ihm das Leckerli oder klicke und belohne, falls du den Clicker benutzt. Dies ist der erste Schritt bei jedem Kommando.

Jetzt, da dein Hund weiß, dass es Leckerlis zu holen gibt, ist er bereit zu lernen. Es ist wichtig, dass du in den frühen Phasen kein Kommandowort verwendest, bevor dein Hund weiß, was es bedeutet. Du wirst das Wort „Sitz" erst in dem Moment verwenden, in dem er sitzt, damit er das Wort mit der Handlung verbindet. Du musst also ein Sitzen herbeiführen ohne deinen Hund in die Position zu zwingen.

Dazu hältst du, während die Aufmerksamkeit deines Hundes auf dich gerichtet ist, deine Hand mit dem Leckerli an die Nase des Hundes und hebst sie dann über seinen Kopf. Während sein Kopf dem Leckerli nach oben folgt, wird sich sein Hinterteil automatisch senken. In diesem Moment verwendest du das Wort „Sitz". Sobald sein Hintern den Boden berührt, kannst du ihm ein Leckerli geben oder klicken und belohnen.

Labradoodles, besonders Welpen, können energiegeladen und zappelig sein. Wenn der Prozess, ein Sitzen zu erzeugen, lange zu dauern scheint, kann es helfen, eine Hand ohne Druck auf seinen Hintern zu legen, um ihn in die Position zu bringen. Verlängere deine Trainingseinheiten nicht über seine Konzentrationsspanne hinaus, die sehr kurz sein kann, und versuche immer, mit einer positiven Note zu enden.

Platz

Sobald dein Labradoodle das Sitzen zusammen gemeistert hat, ist er für „Platz". Mit deinem Hund im Sitz bleibst du in Position ihm gegenüber und bringst ein Leckerli an seine Nase, dann senkst du es auf den Boden. Behalte es in deiner Hand während die Nase deines Hundes folgt und ziehe die Hand nah am Boden zu dir. An diesem Punkt wird dein Hund seine Vorderbeine auf dem Boden entlang kriechen lassen, während er seine Schultern senkt. Dies erzeugt automatisch die Platz-Position, sodass du, wenn seine Ellbogen den Boden berühren, die Worte „Platz" verwenden und ihm das Leckerli geben kannst.

Oft kommt es vor, dass der Hund, wenn er seine Vorderbeine senkt, seinen Hinterteil wieder anhebt, was nicht das ist, was du willst. Wenn dein Labradoodle das tut, kannst du einen Trick anwenden: Ziehe das Leckerli weiter zu dir hin, wobei dein freier Arm wie eine Limbo-Stange über seinem Rücken liegt. Beim Vorwärtsschieben muss er seinen Hinterteil unter deinem Arm senken.

Platz ist etwas anspruchsvoller als Sitz, also sei geduldig. Es ist ein äußerst lohnenswertes und praktisches Kommando, da es dir Kontrolle über deinen Hund in Situationen gibt, in denen er sonst lästig werden könnte.

Bleib

„Bleib" ist ein potenziell lebensrettendes Kommando. Es überschreibt den Instinkt deines Labradoodles, dir zu folgen oder sein eigenes Ding zu machen, und es verlangt von einem überschwänglichen, energiegeladenen Hund, ruhig an einem Ort zu bleiben. Du kannst deinem Hund ein hohes Maß an Gehorsam zuschreiben, wenn er dieses Kommando beherrscht.

Zu Beginn brauchst du vielleicht einen Helfer der deinen Hund festhält, während du dich entfernst. Sein Instinkt wird sein, dir zu folgen, bis er das Kommando versteht. Mit deinem Hund in der Sitz- oder Platz-Position und seiner vollen Aufmerksamkeit auf dich gerichtet drehst du deine ausgestreckte Handfläche zum Hund und machst einen Schritt zurück. Verwende das Wort „Bleib", während dein Helfer sicherstellt, dass dein Hund bleibt, dann tritt wieder vor und belohne deinen Hund.

Wiederhole die Übung, bis du mehrere Schritte zurückgehen kannst. Wenn dein Hund die Idee verstanden zu haben scheint und nicht mehr versucht, dir zu folgen, kann dein Helfer sein Halsband loslassen, aber noch an seiner Seite bleiben. Wenn dein Hund wirklich zuverlässig bleibt, dann kannst du ihm den Rücken zukehren, während du weggehst. Schließlich kannst du das Bleiben im Freien mit all den zusätzlichen Ablenkungen üben.

Einige Trainer lehren gerne das Frei-Kommando in Verbindung mit dem Bleib. Dies entlässt deinen Hund zu deinen Bedingungen aus dem Bleib. Wenn du dich dafür entscheidest, bringst du, wenn du zu deinem Hund zurückkehrst, das Leckerli an seine Nase und dann mit einer Armbewegung weg, gibst es ihm, wenn er aufsteht, um deiner Hand zu folgen, und sagst „Frei". Dann lass deinen Hund seine Beine strecken, bevor die nächste Übung beginnt.

Leinenführigkeit

Deinem Labradoodle beizubringen, wie man schön an der Leine läuft, ist besonders dann wichtig, wenn er mit einem Standard-Pudel gekreuzt wurde, denn diese Kreuzung wird zu einem großen und starken Hund heranwachsen. Selbst wenn er als Miniatur gezüchtet wurde ist das Leinentraining wichtig, denn das Ziehen an der Leine belastet Knochen und Muskeln. Es kann außerdem zu Verletzungen beim Hundeführer kommen. Daher sollte das Laufen an lockerer Leine von Anfang an gelehrt werden.

Obwohl ein Geschirr eine gute Idee ist, da es Belastungen vom empfindlichen Halsbereich ableitet, wird einem Hund das Laufen an kurzer Leine normalerweise zunächst am Halsband beigebracht, damit er den Unterschied zwischen dem Zug an der Leine und einer lockeren Leine spürt. Du solltest niemals eine Würgekette verwenden, denn diese kann schwere Schäden verursachen.

Zu Beginn könnte dein Labradoodle-Welpe denken, die Leine sei ein Spielzeug, weswegen er versuchen könnte hineinzubeißen. Du musst ihn von der Leine ablenken und seine Aufmerksamkeit auf dich lenken.

Mit der Leine in deiner rechten Hand und Leckerlis in deiner linken positionierst du den Hund auf deiner linken Seite. Gewinne seine Aufmerksamkeit indem du ihm das Leckerli zeigst und mache ein paar Schritte vorwärts. Zu Beginn könnte dein Hund überall herumspringen – schließlich ist er ein Labradoodle! Aber das wird ihm keine Belohnung bringen. Früher oder später wird dein Hund ein paar Schritte zum Leckerli gehen. Verlange nicht mehr als das und belohne diesen guten Anfang mit einem Leckerli und Lob. Jetzt weiß er, was du willst. Gewinne wieder seine Aufmerksamkeit und wiederhole die Übung. Erhöhe allmählich die Anzahl der Schritte, bevor du das Leckerli gibst. Wenn dein Hund vorauseilt, bleib stehen. Warte, bis er sich beruhigt, und gehe erst dann wieder vorwärts.

Wenn du mit diesem Training in einem Innenraum begonnen hast, wie zum Beispiel beim Trainingskurs, wirst du vielleicht feststellen, dass sich dein Welpe, auch wenn er die Idee anscheinend verstanden hat, draußen plötzlich wie ein Rowdy benimmt. Die vielen Außengeräusche und die Aussicht auf einen richtigen Spaziergang lassen deinen Hund vergessen, was du von ihm willst. Begierig wird er versuchen dich dorthin zu ziehen, wo er hingehen möchte. Es ist jedoch wichtig, dass das Training zu deinen Bedingungen stattfindet und dass du klar machst, dass gerade kein einstündiger Ausflug aufs Land auf der Tagesordnung steht, egal, wie sehr dein Welpe das gerade möchte. Tatsächlich kommst du anfangs vielleicht gar nicht weit, da du jedes Mal, wenn dein Hund an der Leine zieht, anhalten musst und erst dann weitergehst, wenn die Leine wieder locker ist. Denk daran, deinem Hund jedes Mal Leckerlis zu geben wenn er schön läuft und vergiss das Lob nicht.

Du wirst deinem Hund nicht immer Leckerlis als Belohnung für das Laufen an lockerer Leine geben müssen, aber selbst wenn er das Verhalten verinnerlicht hat, solltest du ihn immer noch loben wenn er schön läuft. Dies wird viel dazu beitragen, sein Selbstvertrauen und seinen Wunsch, dir zu gefallen, aufzubauen.

Boxentraining

„Labradoodles können beim Boxentraining etwas stur sein, da ihr Lebensziel darin besteht, bei ihrer Familie zu sein!"

Carol Finch
Acme Creek Kennels

Boxentraining kann etwas Zeit und Geduld erfordern, aber wenn es erfolgreich durchgeführt wird, wird es in vielen Situationen ungemein nützlich sein. Boxen können zum Schlafen, zum Reisen und zur Einschränkung des Zugangs zum Haus genutzt werden. Außerdem werden sie genutzt, um deinem Hund eine Auszeit zu geben, wenn du Besuch hast, und um ihm einen sicheren Raum zu bieten, in den er gehen kann, wenn er ängstlich ist.

Wie bereits besprochen solltest du nicht den Fehler machen eine zu große Box zu kaufen, in die dein Hund hineinwachsen soll. Wenn dein Hund genug Platz hat, um in einer Ecke zu schlafen und eine andere zu verschmutzen, dann wird das Boxentraining kontraproduktiv sein. Eine kleinere Box, in der dein Hund immer noch genug Platz hat um zu stehen, sich zu drehen und sich hinzulegen, ist für deinen Hund tatsächlich beruhigend und fühlt sich mehr wie eine Höhle an. Eine Box ist kein Gefängnis, sondern ein Ort, an dem dein Hund sich entspannen und sicher fühlen kann, wenn er von klein auf daran gewöhnt ist.

Der erste Schritt besteht darin, deinen Hund mit der Box vertraut zu machen. Du solltest die Box zunächst an einen Ort stellen, an dem du viel Zeit verbringst. Die Tür sollte anfangs sicher geöffnet sein, damit sie sich nicht versehentlich schließen oder deinen Hund treffen kann. Du solltest deinen Hund dazu ermutigen, die Box zu erkunden und hineinzugehen, indem du einige kleine Leckerlis oder sein Lieblingsspielzeug direkt hinter die Tür legst. Er kann sofort hineingehen, aber es kann auch ein paar Tage dauern, bis er sein Selbstvertrauen aufgebaut hat. Beides ist in Ordnung.

Nachdem dein Hund glücklich in die Box ein- und ausgeht, besteht der nächste Schritt darin, ihn darin zu füttern. Dies gibt ihm eine positive Assoziation mit der Box. Nach einigen Malen kannst du die Tür schließen, während er die Mahlzeit frisst, sie aber sofort danach wieder öffnen. Mit jeder weiteren Mahlzeit kannst du die Tür nach dem Essen ein paar Minuten länger geschlossen halten, bis er bis zu 10 Minuten darin war. Wenn er anfängt zu winseln, hast du die Zeit vielleicht zu schnell erhöht, und daher solltest du ihn beim nächsten Mal nicht so lange drin lassen.

Sobald er für 10 Minuten glücklich ist, kannst du ihn rufen und ihm ein Kommando geben, in seine Box zu gehen, wie „Kennel", „Box" oder „Höhle". Wenn er in die Box geht, dann lobe ihn, gib ihm ein Leckerli und schließe die Tür. Sitze ein paar Minuten ruhig in der Nähe, gehe dann für ein paar Minuten in einen anderen Raum, komme zurück und sitze wieder ein paar Minuten neben der Box, bevor du ihn herauslässt. Sobald du die Zeit auf 30 Minuten erhöht hast, kannst du beginnen, ihn in die Box zu setzen, wenn du das Haus verlässt. Du solltest den Zeitpunkt, zu dem du gehst, jedes Mal variieren. Setze ihn manchmal erst kurz bevor du gehst in die Box und andere Male 5 bis 15 Minuten vorher. Er wird wahrscheinlich aufgeregt sein, dich zu sehen, wenn du nach Hause kommst, aber belohne ihn nicht, indem du selbst aufgeregt reagierst. Ankünfte sollten zurückhaltend sein, sonst verstärkt es seine Angst, wenn du gehst.

Du kannst die Box auch nachts verwenden, beginnend mit einem Welpen. Einige Besitzer ziehen es vor, die Box anfangs in der Nähe ihres Schlafplatzes aufzustellen. Wenn er ruhig in der Box schläft, kann sie an einen Ort deiner Wahl verschoben werden. Es hilft bei der Akzeptanz, wenn du die Tür offen lässt während du in der Nähe bist und weiche Bettwäsche, Spielzeug und Leckerlis hineinlegst.

Stubenreinheit

„Konsequenz. Geduld. Gelegenheit. Beobachtung. Diese sind entscheidend für die Stubenreinheit eines Welpen. Du musst bereit sein, sehr aufmerksam zu sein und die Hinweise zu lernen, die dein Welpe gibt, wenn er aufs Klo muss. Biete häufige Gelegenheiten für Toilettenpausen draußen an und verwende jedes Mal den gleichen Ort. Sei geduldig mit dem Prozess. Es braucht Zeit und kann eines der frustrierendsten Details bei der Aufzucht eines Welpen sein."

Rochelle Woods
Spring Creek Labradoodles

Labradoodles sind schnelle Lerner, daher sollte die Stubenreinheit deines Welpen kein Problem darstellen. Wenn du einen älteren Hund hast, der das Haus verschmutzt, oder dein Hund nach der Stubenreinheit wieder an-

Foto von
Bobbie Couch

fängt, im Haus sein Geschäft zu erledigen, lohnt es sich, deinen Tierarzt zu konsultieren, da möglicherweise ein zugrunde liegendes körperliches Problem vorliegt. Andernfalls könnte es eine psychologische Reaktion auf einen Stressfaktor im Leben deines Hundes sein, und du musst die Ursache herausfinden.

Hunde werden mit dem Urinstinkt geboren, den Bereich, in dem sie schlafen, sauber zu halten. Dadurch bietet das Boxentraining deines neuen Welpen eine gute Möglichkeit, bei der Stubenreinheit zu helfen. Du nutzt dadurch ihre natürlichen Instinkte, um die bei Welpen noch schwach ausgeprägte Kontrolle über Blase und Darm zu erlernen.

Da dein Labradoodle-Welpe noch keine volle Kontrolle über seine Körperfunktionen hat, bereitet es ihm viel Stress, wenn er länger als ein paar Stunden in seiner Box aushalten muss. Er möchte sich entleeren, zögert aber instinktiv, weil er sein Bett gleichzeitig nicht verschmutzen will. Diese Tatsache sollte dir klar sein. Wann immer du deinen Welpen aus seiner Box lässt, wird er nämlich bereit zum Urinieren sein. Nutze dies und bringe ihn direkt in den Garten. Dann verwendest du das Kommandowort „Mach", „Pipi" oder welches auch immer du wählst. Wenn er dann geht, lobe und belohne ihn dafür, dass er so clever ist!

Du solltest das Kommando erst verwenden, wenn dein Hund kurz davor ist, die gewünschte Handlung anzunehmen. Auf diese Weise lernt er, das Wort nur mit der Handlung zu verbinden und nicht mit dem Schnüffeln oder Herumlaufen im Garten.

Weitere vorhersehbare Zeiten für eine Pipi-Pause sind der frühe Morgen und nach dem Fressen. Dies sind ebenfalls Gelegenheiten, ihm das Kommandowort in Verbindung mit der Handlung beizubringen. Besonders bei männlichen Hunden fällt schnell auf, dass sie oft dort schnüffeln, wo ein anderes Tier gewesen ist. Dies kann ein weiteres Zeichen dafür sein, dass er kurz davor ist, den Geruch des anderen Tieres mit seinem eigenen Urin zu überdecken, sodass du auch hier das Kommandowort in dem Moment, in dem er sein Bein hebt, verwenden kannst.

Diese Geruchsmarkierung kann auch vor dem Schlafengehen nützlich sein. Möglicherweise zögert dein Hund, seine Blase nach deinem Zeitplan zu entleeren, aber ein Spaziergang um den Block wird ihm viele Gelegenheiten dazu bieten!

Sobald dein Hund dein Kommandowort gelernt hat, kannst du ihn in regelmäßigen Abständen in den Garten bringen, bevor du ausgehen musst oder ihn in seine Box setzen willst. Dann weißt du, dass er sich wohlfühlt und nicht einhalten muss.

Du solltest deinen Hund niemals für Unfälle im Haus schelten. Normalerweise bist du schuld, weil du deinen Welpen nicht oft genug nach draußen gebracht hast. Wenn du ihn tatsächlich auf frischer Tat ertappst, reicht ein festes „Nein" und du bringst ihn sofort nach draußen, egal ob er fertig ist oder nicht. Wenn du nur eine Pfütze auf dem Boden entdeckst, wird er nicht verstehen, warum er gescholten, wird und du könntest ihn stressinkontinent machen.

Entferne und behandle alle Unfälle gründlich mit einem enzymatischen Tierreiniger, um Ammoniak zu neutralisieren. Dies vermeidet wiederholte Verschmutzung, da ein Hund dazu neigt, den Ammoniakgeruch zu überdecken. Daher ist auch Vorsicht bei allgemeinen Haushaltsreinigern geboten, die diese Zutat enthalten. Ein Teppichreiniger kann dein bester Freund sein, wenn du keine Hartböden hast, und dich durch die stressigen Wochen bringen, in denen dein Hund nicht vollständig stubenrein ist. Mit einem intelligenten Labradoodle sollte das jedoch nicht lange dauern!

„Die Stubenreinheit ist für jeden Welpen anders. Nur weil der Wurfbruder deines Welpen in 2 Tagen gelernt hat, eine Glocke zu läuten, um nach draußen zu gehen, solltest du dich nicht stressen, wenn deiner nach ein wenigen Wochen immer noch ein paar Unfälle hat. Auch Änderungen in der Ernährung, Umgebung und im Zeitplan können Stress verursachen, der sich in zusätzlichem Winseln und mehr Unfällen äußern kann. Das ist normal. Bereite dich darauf mit zusätzlicher Geduld und einem guten Fleckenentferner vor."

Jenny Williams
Happy Go Lucky Labradoodles

Rückruf

Die beste Art der Bewegung für deinen Labradoodle ist ein Spaziergang ohne Leine, bei dem er viel Platz zum Laufen und viele Gerüche zum Entdecken hat. Um dieses Privileg zu genießen und die Sicherheit deines Hundes zu bewahren, braucht es einen guten Rückruf.

Bringe deinem Labradoodle bei, auf Kommando zurückzukommen, auch ohne seine Aufmerksamkeit auf einen Ball oder ein Spielzeug zu lenken, da du nicht immer irgendetwas Interessantes dabeihaben wirst. Auf diese Weise kann er außerdem sein Gehirn nutzen, um die Reize um ihn herum zu genießen und seinen Körper in einem gesünderen Tempo zu bewegen. Wenn du das Glück hast, Zugang zu einem sicheren Feld zu haben, ist dies ideal für das Rückruftraining. Andernfalls kannst du in deinem Garten beginnen oder eine lange Trainingsleine in einem offenen Raum verwenden.

Wenn du mit dem Rückruftraining beginnst, brauchst du einen guten Vorrat an Leckerlis, die du bequem in einer Bauchtasche aufbewahren kannst. Du musst die Aufmerksamkeit deines Hundes inmitten all der konkurrierenden Ablenkungen um ihn herum aufrechterhalten, daher ist es wichtig, viel verbale Kommunikation und einen stetigen Strom von Leckerlis zu verwenden, um deinen Hund dazu zu ermutigen, seine Aufmerksamkeit auf dich zu richten.

Foto von
Amy Miller

Ändere ständig die Richtung, in die du gehst, um die Konzentration deines Hundes zu fördern. Rufe ihn zu dir, sobald du dich umdrehst. Wenn er abdriftet, dann rufe ihn bei seinem Namen und mit dem Kommando „Komm" zurück. Überschütte ihn anschließend mit Lob für das Zurückkommen.

Wenn der schlimmste Fall eintritt und dein Hund von dir wegrennt, dann ist es verlockend, ihm nachzulaufen. Doch das ist ein Fehler! Dein Hund wird denken, dass du mit ihm Fangen spielst. Stattdessen musst du die Nerven behalten, weshalb ein gesichertes Feld oder ein Park für das Training ratsam ist, da du weißt, dass dein Hund nicht wirklich entkommen kann. Bleib, wo du bist, oder gehe sogar in die entgegengesetzte Richtung. Irgendwann wird dein Hund es bemerken und durch den Abstand zwischen euch verunsichert sein. An diesem Punkt wird er zurückrasen, was du vorausgesehen hast. Rufe „Komm", um die Botschaft zu vermitteln, dass das Zurückkehren deine Idee ist und nicht seine. Indem er zurückrast, gehorcht er effektiv und du kannst ihn entsprechend loben und belohnen! Schimpfe niemals mit ihm, weil er weggelaufen ist, denn zu diesem Zeitpunkt ist er zurückgekehrt und er wird sonst denken, dass er dafür gescholten wird!

Die meisten Labradoodles werden gut auf das Rückruftraining reagieren, da sie eine intelligente Rasse sind, die ihre Menschen lieben.

Schlechtes Verhalten

„Vielen Labradoodles wird leider erlaubt, mit bestimmtem Verhalten davonzukommen, das im Moment vielleicht klein (oder niedlich) erscheint, aber schließlich zu problematischerem Verhalten führt. Tischsurfen ist eines, von dem ich oft höre. Dieses liegt meiner Meinung nach zum Teil daran, dass man ihnen Essen vom Tisch gibt. Sie denken, es sei ihr Essen da oben, und sie müssen nur auf die Arbeitsplatte springen, um es zu bekommen. Sie wussten nicht, dass dieses saftige T-Bone-Steak nicht ihren Namen trug! Direkt kein Menschenessen mehr und ein Streifen Klebeband, mit der klebrigen Seite nach oben entlang der Kante der Arbeitsplatte, ist manchmal genug, um diese schlechte Angewohnheit zu entmutigen, besonders nachdem es ein paar Mal an ihrer Pfote kleben geblieben ist."

Jenny Williams
Happy Go Lucky Labradoodles

Der beste Weg, um unerwünschtes Verhalten zu vermeiden, ist frühe Sozialisierung und Training. In den meisten Fällen wird der Züchter den Prozess bereits begonnen haben, bevor du deinen Welpen nach Hause bringst. Wenn du einen erwachsenen Hund mit eingeprägten Verhaltensweisen adoptierst, dann wirst du mehr Herausforderungen haben, um schlechte Gewohnheiten zu brechen. Dennoch gibt es Strategien, die du zu Hause ausprobieren kannst, bevor du einen Trainer hinzuziehst.

Bellen

„Einige Verhaltensweisen, die schwieriger zu bewältigen sind, sind spielerisches Beißen und übermäßiges Bellen. Nicht alle Welpen zeigen diese Eigenschaften, aber wenn sie es tun, dann gilt: je früher du es korrigierst, desto besser. Eine Auszeit in einem Zwinger ist eine akzeptable Methode, um grundloses Bellen anzugehen, aber wahrscheinlich gibt es einen Grund und es sollten Schritte unternommen werden, um ein echtes Bedürfnis oder den Wunsch nach Aufmerksamkeit auszuschließen. Beißen sollte als erster Schritt durch Kauspielzeug ersetzt werden."

__Jeana Bigelow__
Blue Ridge Labradoodles

Dein Labradoodle könnte aufgrund seiner Pudel-Gene mehr bellen als der durchschnittliche Hund. Bellen ist kein schlechtes Verhalten bei einem Hund, da es ein natürlicher Ausdruck seiner eigenen Stimme ist. Es kann sogar ein positives Verhalten sein, das den Haushalt auf die Anwesenheit eines Eindringlings aufmerksam macht oder auf Drogen oder biologische Beweise an einem Tatort hinweist. Für die meisten Besitzer kann übermäßiges Bellen jedoch sehr anstrengend sein und sogar zu Beschwerden von den Nachbarn führen. Daher ist es wichtig, deinem Labradoodle beizubringen, wann er sein Bellen einsetzen soll.

Dem Hund das Kommando und die Bedeutung von „Ruhig" beizubringen ist der wichtigste Schritt, um unangemessenes Bellen abzutrainieren. Da der Klang deiner Stimme für deinen Hund im Grunde menschliches Bellen ist, wird es nichts bringen, ihn anzuschreien. Im Gegenteil: Wenn er im vollen Gange ist, dann ermutigst du ihn damit nur zu noch mehr Gebell. Daher ist ein ruhiger Ansatz beim Belltraining erforderlich. Viele Hundetrainer glauben bereits an die Wirksamkeit des Clickertrainings für alle Kommandos, aber es ist besonders nützlich beim Bellen. Dies liegt an dem klaren Signal für das Gehirn deines Hundes, das deutlich und klar ausdrückt, dass er das Richtige getan hat und eine Belohnung erwarten kann. Wenn dein Hund aktiv den Postboten oder die Katze des Nachbarn anbellt, erhebe also nicht deine Stimme. Reagiere am besten gar nicht, sondern warte auf eine bedeutungsvolle Pause in seinem Bellen, um schnell zu klicken und zu belohnen. Auf diese Weise belohnst du das positive Verhalten. Erwarte keine sofortigen Ergebnisse, aber halte diese Routine bei jeder Gelegenheit aufrecht, bis dein Labradoodle erkennt, dass das gewünschte Verhalten die Ruhe ist.

Andere Trainer verfolgen den umgekehrten Ansatz: Um den Unterschied zwischen Bellen und Ruhe zu verstehen muss dein Hund zuerst lernen, auf Kommando zu bellen. Wenn ihm also nicht befohlen wurde, zu bellen, muss er ruhig bleiben. Dies ist das „Sprich"-Kommando, das gegeben werden sollte, wenn dein Hund absichtlich einmal bellt, während er Augenkontakt mit dir hält, und mit dem Clicker und einem Leckerli belohnt wird. Du kannst dann „Ruhig" lehren, indem du klickst und belohnst, wenn er seine Stimme nicht benutzt, bis er den Unterschied kennt. Das Lehren von „Sprich" ist eine etwas riskantere Methode, um unangemessenes Bellen abzutrainieren, da dein Hund für ein Leckerli bellen könnte, sollte dein Training nicht hundertprozentig effektiv sein.

Einige Besitzer greifen möglicherweise in ihrer Verzweiflung zu extremen Geräten wie Anti-Bell-Halsbändern, die ein Zitrusspray oder einen milden elektrischen Schock freisetzen. Diese Methode wird nicht empfohlen, da sie einen nervösen und verwirrten Hund erzeugt. Tatsächlich sind diese Geräte in einigen Ländern inzwischen illegal. Andere ähnliche Methoden, die weniger grausam erscheinen mögen, wie das Tragen einer Wassersprühflasche oder eines Aerosols mit Druckluft, sind immer noch unvereinbar mit positivem, belohnungsbasiertem Training, das weithin als der effektivste Weg anerkannt ist, deinen Familienhund zu trainieren und eine Vertrauensbindung aufzubauen.

Aggression

Aggression ist keine Eigenschaft, die mit dem Labradoodle in Verbindung gebracht wird. Wenn dein Hund also Anzeichen davon zeigt, dann wird es einen Grund geben.

Manchmal ist ein Labradoodle-Welpe nicht einfach eine glückliche Mischung aus Labrador Retriever und Pudel, sondern er hat die Genetik einer anderen Rasse oder Rassen in der Mischung. Dies ist besonders bei vielen australischen Labradoodles der Fall. In diesen Fällen können die Eigenschaften der anderen Rassen zufällig im Welpen durchkommen, auch mehrere Generationen später. Labradoodles haben manchmal Spaniel im Mix und Spaniels können anfällig für das Wutsyndrom sein, was eine Erklärung für einen Labradoodle sein könnte, der manchmal abschaltet und schnappt.

Ein zur Aggression neigender Labradoodle kann aber auch das Produkt einer unzulässigen Zucht sein, bei der die Eltern nicht sorgfältig hinsichtlich ihres Temperaments ausgewählt wurden. Wenn du einen Welpen kaufst und deine Hausaufgaben gemacht hast, hast du hoffentlich diese Falle vermieden. Aber wenn du einen Hund aus einem Tierheim adoptiert hast, könnte es sein, dass er genetische Aggressionsprobleme hat, die zu seiner Abgabe geführt haben. Wenn du den Züchter kennst, solltest du ihn immer darüber informieren, dass ihr Hund aggressiv ist, damit sie ihr Zuchtprogramm überprüfen und die Zucht aus Linien einstellen können, bei denen diese Tendenz auftritt.

Manchmal hat ein Labradoodle, der mit einer perfekten, nicht-aggressiven Natur geboren wurde, leider in seinem frühen Leben Grausamkeit erfahren, wodurch ein reaktiver Hund entstanden ist, der aus Angst schnappt. Hunde vergeben unglaublich schnell und Labradoodles fühlen sich von Natur aus zu Menschen hingezogen, sodass ein Hund, der Aggression gelernt hat, mit sensiblem, positivem Verstärkungstraining und viel Liebe umgedreht werden kann. Dies erfordert Geduld, Zeit und Verständnis, wird aber eine Vertrauensbindung aufbauen, bei der dein Hund lernt, sich zu entspannen und das Leben wieder zu genießen.

Das Umtrainieren eines Labradoodles mit Aggressionsproblemen sollte niemals in einem Haushalt mit kleinen Kindern versucht werden. Dies ist besonders zu ihrer eigenen Sicherheit, aber auch, weil Einzelaufmerksamkeit am besten funktioniert, um Vertrauen aufzubauen. Keine Rettungsorganisation wird einen Hund, der zu Aggression neigt, in einem Haushalt mit Kindern unterbringen. Wenn du dich in dieser Situation befindest, sollte die ursprüngliche Rettungsorganisation oder eine andere den Hund annehmen und angemessener unterbringen. Wenn ein Labradoodle-Welpe Aggression zeigt, abgesehen von der Überschreitung seiner normalen Toleranzgrenze durch beispielsweise Kleinkinder, dann solltest du ihn zum Züchter zurückbringen.

Glücklicherweise wirst du in fast allen Fällen keine Aggression von deinem Labradoodle erleben, da sie als Familienhunde mit einer unerschütterlichen Loyalität zu ihren Menschen gezüchtet werden. Wenn eines dieser Verhaltensmerkmale bei deinem Hund auftritt, wird ein Hundetrainer in der Lage sein, dein Haustier zu beurteilen und dich auf den richtigen Weg zu bringen.

KAPITEL 9
Bewegung und Arbeit

„Im Idealfall braucht ein Labradoodle etwa 60 Minuten Bewegung am Tag. Das kann ein Spaziergang oder eine Joggingrunde sein, Apportieren, Laufen auf einem Laufband oder Spielen im Garten. Das Wichtigste bei der Bewegung ist, den Kopf zu stimulieren, während der Körper trainiert wird. Wenn du immer den gleichen Spaziergang machst oder nur das Laufband nutzt, dann wird der Hund gelangweilt sein und du wirst nicht den vollen Nutzen der Bewegung erhalten. Mach die Dinge interessant. Nimm verschiedene Wege, erkunde neue Gebiete, sei unberechenbar in deinen Richtungswechseln, damit der Hund immer auf dich achten muss. Letztendlich will der Hund erkunden ... Sei abenteuerlustig mit ihm!"

Robby Gilliam
Mountain View Labradoodles

Foto von
Brenda Patterson

Foto von
Zoe Wilson

Bewegungsbedürfnisse

„Manche Labradoodles brauchen mehr Bewegung als andere. Generell solltest du mit mindestens zwei guten Spaziergängen am Tag und ein oder zwei ausgiebigen Spieleinheiten rechnen. Für diejenigen, die mehr Energie abbauen müssen, bieten sich Spielzeug und Kauknochen an, die sie zum Nachdenken anregen oder bei denen sie arbeiten müssen, um eine kleine Belohnung herauszubekommen."

Rochelle Woods
Spring Creek Labradoodles

Vielleicht hast du dir einen Labradoodle in Vorfreude auf lange Spaziergänge auf dem Land angeschafft und dein Hund wird dir dafür auch danken – aber erst, wenn er ausgewachsen ist!

Tatsächlich ist der beste Weg zu einem gesunden erwachsenen Hund moderate und sanfte Bewegung während der Welpenphase, wenn seine Knochen, Sehnen, Bänder und Gelenke noch weich und in der Entwicklung sind. Aber unabhängig von seiner Lebensphase sind zwei Spaziergänge am Tag ideal.

Wie viel Bewegung solltest du also deinem Labradoodle-Welpen geben? Als Faustregel gilt: fünf Minuten pro Lebensmonat, zweimal täglich. Dein zwei Monate alter Neuankömmling braucht also nur zweimal täglich einen 10-minütigen Spaziergang, aber da er noch keine vollständige Immunität hat, können seine Bewegungsbedürfnisse im Garten befriedigt werden. Mit drei Monaten wird er zwei kurze 15-minütige Spaziergänge genießen und mit sechs Monaten kann er zwei halbstündige Spaziergänge machen. Mit einem Jahr, wenn dein Labradoodle ein erwachsener Hund ist, halten ihn zwei einstündige Spaziergänge körperlich fit und trainieren gleichzeitig sein aktives Gehirn.

Agility und Flyball

Labradoodles lieben es ihren Verstand zu nutzen, Herausforderungen anzunehmen und neue Dinge auszuprobieren. Daher sind sie ideal für Agility und Flyball geeignet.

In Deutschland können Labradoodles zwar nicht an offiziellen VDH-Wettbewerben teilnehmen, aber das bedeutet nicht, dass sie keine Möglichkeiten haben, diese aufregenden Sportarten zu betreiben. Viele private Hundevereine, Hundeschulen und Hundesportvereine bieten Agility- und Flyball-Kurse speziell für alle Hunderassen an – einschließlich Mischlingen und Designerrassen. Diese Vereine organisieren oft ihre eigenen Turniere und Wettkämpfe, bei denen dein Labradoodle zeigen kann, was in ihm steckt.

Der örtliche Hundeverein, deine Hundeschule oder dein Tierarzt sollten dir helfen können, einen geeigneten Agility- oder Flyball-Kurs in deiner Nähe zu finden. Auch andere Hundebesitzer in deiner Umgebung können wertvolle Empfehlungen aussprechen. Online-Plattformen und lokale Facebook-Gruppen für Hundebesitzer sind ebenfalls eine gute Anlaufstelle für die Recherche.

Dein Hund kann erst an Agility- oder Flyball-Aktivitäten teilnehmen, wenn er mindestens 12-15 Monate alt ist und seine Wachstumsphase abgeschlossen hat. Anfangs werden die Sprünge und Hindernisse, die dein Hund zu bewältigen lernt, gelenkschonend und niedriger sein. Mit fortschreitendem Training wird er entsprechend seiner Größe in passende Klassen eingeteilt. Agility ist ein großartiges Fitnesstraining für dich und deinen Hund und stärkt eure Bindung erheblich.

Wenn du selbst Mobilitätseinschränkungen hast, könnte Flyball besser für dich geeignet sein, da der Hund größtenteils selbstständig die Rennbahn hinunterläuft. Am Ende betätigt der Hund ein Pedal, das einen Tennisball freigibt, den er fängt und zur Startlinie zurückbringt. Dein kluger Labradoodle sollte das schnell lernen und großen Spaß daran haben.

Diese Aktivitäten bieten eine wunderbare Möglichkeit, die Energie und Intelligenz deines Labradoodles sinnvoll zu kanalisieren. Auch wenn keine offizielle VDH-Anerkennung möglich ist, können diese Sportarten trotzdem sehr erfüllend und bereichernd für euch beide sein.

Assistenzhunde

In den frühen Jahren der Rasse waren Labradoodles meist einfache Hybridkreuzungen. Die anschließende Entwicklung von multigenerationalen Labradoodles hat jedoch eine Rasse hervorgebracht, die zuverlässiger hypoallergen ist und sich daher gut für Assistenz- und Therapierollen in Haushalten mit Allergikern und Asthmatikern eignet. Das nicht haarende Fell und der geringe Eigengeruch des Labradoodles sind ein zusätzlicher Vorteil. Multigenerationale Labradoodles gelten auch als weniger ungestüm im Vergleich zu Labrador-Pudel-Hybriden, was ein Vorteil bei Servicehunden ist.

Foto von
Kelly Lindloff

Labradoodles sind mittlerweile eine beliebte Wahl als Begleithunde für Gehörlose, die ihre Besitzer auf wichtige Geräusche wie Türklingel, Telefon oder Rauchmelder aufmerksam machen. Sie erfüllen auch eine wichtige Rolle, indem sie ihren gehörlosen Besitzern ein Gefühl von Sicherheit und Gesellschaft geben.

Blindenführhunde und Hörbegleithunde werden in der Regel von Fachleuten gezüchtet und ausgebildet und erst nach vollständiger Ausbildung im Alter von etwa einem Jahr an ihren Empfänger übergeben. Für einige andere Therapierollen kann der Labradoodle-Welpe jedoch im Familienhaus aufwachsen. Ein Beispiel ist die Begleitung eines Kindes mit Autismus. Die warmherzige und freundliche Natur des Labradoodles hat die Rasse zu einem beliebten emotionalen Anker für autistische Kinder gemacht, und der Umgang mit einem Welpen von klein auf hilft, ihre Bindung zu stärken. Viele raten jedoch dazu, dass ein Hund in den ersten Monaten am besten von einem Züchter oder Trainer aufgezogen werden sollte, zumindest bis der Welpe stubenrein ist und eine gewisse Grundausbildung hat. Der Welpe sollte gut sozialisiert und von klein auf mit verschiedenen Eindrücken, Geräuschen und Erfahrungen konfrontiert werden, um sicherzustellen, dass der Hund sich in seiner Rolle als Servicehund entspannt und wohlfühlt.

Nicht alle Therapiehunde werden für eine bestimmte Rolle gezüchtet. In vielen Fällen erkennen Labradoodle-Besitzer Eigenschaften in ihrem Hund, die ihn ihrer Meinung nach zu einem ausgezeichneten Kandidaten machen, um beispielsweise ältere Menschen in Pflegeheimen, Kinder in Förderschulen oder chronisch Kranke in Hospizen zu besuchen. Die Interaktion mit einem freundlichen Hund kann Menschen, die niedergeschlagen sind, einen positiven Schub geben, ihr psychisches Wohlbefinden und ihre körperliche Gesundheit verbessern. Wenn du einen ruhigen Labradoodle hast, der für diese Rolle geeignet erscheint, sollte er über ein Jahr alt sein und bei einer der Therapiehunde-Organisationen in deinem Land ausgebildet und zertifiziert werden. Sprich am besten deinen Tierarzt auf die bestehenden Möglichkeiten an.

Jagdhunde

„Labradoodles sind fantastische Fährtenleser. Sie können, falls gewünscht, für die Jagd eingesetzt und dafür trainiert werden. Ihre Fähigkeit, Spuren zu verfolgen, ist erstaunlich!"

Robby Gilliam
Mountain View Labradoodles

Es mag für manche überraschend sein zu erfahren, dass Labradoodles erfolgreiche Jagdhunde sein können. Während die Hälfte ihrer Gene vom Labrador Retriever stammen kann, der beliebtesten Jagdhunderasse der Welt, stammt die andere Hälfte vom Pudel, der normalerweise im Ausstellungsring in hübsche Formen geschnitten zu sehen ist.

Tatsächlich hat aber auch der Pudel eine lange Tradition als Jagdhund. Auf Französisch ist der Pudel als „Caniche" oder „Entenhund" bekannt, was das natürliche Jagdrevier des Pudels in Feuchtgebieten und Wasserläufen verdeutlicht. Viele Jäger schätzen den Pudel wegen seiner Intelligenz, Trainierbarkeit und Energie. Die Rasse wurde auch historisch bei der Erzeugung von Jagdkreuzungen verwendet, wie dem Pudelpointer, der das Produkt einer Kreuzung zwischen einem Deutsch Kurzhaar und einem Großpudel ist. Bei der Kreuzung des Labrador Retrievers mit dem Pudel ist die Blutlinie des Labradoodles als Jagdhund also gut etabliert.

Tatsächlich haben einige Züchter festgestellt, dass der Labradoodle sogar Eigenschaften hat, die eine Verbesserung gegenüber dem traditionellen Labrador darstellen. Zum Beispiel neigen Labradore übermäßig häufig zu Hüftdysplasie, während Labradoodles davon nicht betroffen sind. Das Fell des Labradoodles ist auch ein ausgezeichneter Isolator bei kalten, nassen Bedingungen, obwohl es, wie beim Arbeitspudel, kurz geschnitten werden sollte, um zu vermeiden, dass es sich bei der Arbeit in Dornen verfängt.

Während einige Labradoodles natürliche Apportierer sind und die Art von weichem Maul haben, das erforderlich ist, um Vögel unbeschädigt zurückzubringen, kommt die Rasse in der Regel beim Stöbern und Treiben, besonders in Feuchtgebieten, zur Geltung.

Der Labradoodle ist jedoch eine uneinheitliche Rasse und nicht alle Exemplare werden zur Jagd neigen. Viele Labradoodles können schussscheu sein. Einen jungen Hund zum Tontaubenschießen mitzunehmen wird ihn als Vorbereitung auf das Jagdhundtraining an den Lärm von Gewehren gewöhnen. Jagdhundtraining kann für jeden Labradoodle lohnenswert sein, unabhängig davon, ob du mit ihm jagen willst oder nicht. Es ist ein gutes geistiges und körperliches Training, das Rückruf und Apportieren beinhaltet.

Wenn du einen Labradoodle speziell für die Jagd kaufen möchtest, musst du bei seinen Blutlinien selektiv vorgehen. Du kannst deine Chancen, einen Jagdstar auszuwählen, verbessern, indem du die Arbeitsreferenzen beider Elternteile überprüfst. Die meisten als Jagdhunde gezüchteten Labradoodles sind Kreuzungen der ersten Generation (F1). Die Mutter wird ein Labrador sein, und die schlanken, jagdlichen Typen werden gegenüber kräftigen, domestizierten Labradors bevorzugt. Viele Jäger bevorzugen auch, dass der Pudel-Vater kleiner als der Großpudel ist, da ein kleinerer Labradoodle ein effektiverer Jagdhund ist.

Besitzer, die einen Labradoodle für die Jagd wählen, tun dies, weil sie einerseits die Eigenschaften schätzen, die die Rasse ins Feld bringt, und andererseits die gesundheitlichen Vorteile einer Hybridkreuzung gegenüber einer Reinzucht kennen. Der Nachteil ist jedoch, dass Labradoodles nicht an offiziellen Veranstaltungen teilnehmen können, da sie keine anerkannte Rasse sind. Oft können sie jedoch an clubeigenen Veranstaltungen, Trainings und Programmen teilnehmen. Erkundige dich dafür am besten bei lokalen Jagdhundevereinen direkt, denn diese haben oft ihre eigenen Regeln und Richtlinien.

Was Arbeitsrollen betrifft, bieten die einzigartigen Qualitäten von Labradoodles viele Möglichkeiten. Sie sind intelligent, trainierbar, eifrig zu gefallen, voller Energie und lieben es, ihren Kopf zu benutzen. Jeder Labradoodle ist jedoch sehr individuell, daher muss man seine Talente ebenso individuell beurteilen und erst herausfinden, wie er in verschiedenen Situationen reagiert, um sein Potenzial auszuschöpfen. Welche Herausforderungen du deinem Labradoodle auch stellen magst: Er wird ihnen aufgrund seiner Energie und Intelligenz mit Begeisterung entgegentreten!

Foto von
Donnie Padgett

KAPITEL 10
Reisen

„Die meisten Labradoodles sind großartige Reisebegleiter! Viele positive Autofahrten, Fahrstuhlfahrten und Rolltreppen sind hervorragende Möglichkeiten, um ihre Welt zu erweitern und zu bereichern."

Joyce Tabor
Annabelle Doodles of New England

Als Familienmitglied wird es wahrscheinlich viele Gelegenheiten geben, bei denen dein Labradoodle mit dir Strecken zurücklegen muss, die seine Pfoten nicht tragen können. Das kann der Besuch beim Tierarzt sein, Besuche bei Freunden und Familie, ein Spaziergang außerhalb deiner Nachbarschaft oder ein Urlaub. Einige Labradoodles sind sogar schon mit dem Flugzeug gereist, wenn der Züchter weiter entfernt wohnt. Das Reisen mit deinem Hund gehört zum Leben im 21. Jahrhundert, daher werden wir in diesem Kapitel Möglichkeiten betrachten, wie du lange Fahrten und Urlaube für dich und deinen Labradoodle so stressfrei wie möglich gestalten kannst.

Foto von
Jennifer Russell

Reisevorbereitungen

Die meisten Hunde gewöhnen sich gut ans Reisen, wenn sie es seit dem Welpenalter kennen. Solltest du jedoch einen Hund haben, der die Erfahrung als stressig empfindet, oder wenn du nicht oft mit deinem Labradoodle im Auto unterwegs bist, musst du vielleicht etwas Zeit investieren. Um deinen Hund an lange Autofahrten zu gewöhnen, solltest du auch Fahrten planen, ohne tatsächlich irgendwohin zu fahren. Lass deinen Hund dazu zunächst einfach das Auto in seinem eigenen Tempo erkunden. Lege einige Leckerlis ins Auto und ermutige ihn mit ruhiger und positiver Stimme. Möglicherweise musst du dies vor deiner geplanten Reise regelmäßig wiederholen.

Egal ob du nur ein paar Kilometer für einen Landspaziergang fährst oder in den Urlaub, du solltest sicherstellen, dass dein Hund irgendeine Form der Identifikation bei sich trägt. Ein Halsband mit Adressanhänger ist gut, aber ein Mikrochip ist ideal, da dieser nicht von deinem Hund abfallen kann. Stelle sicher, dass deine Kontaktdaten bei der Firma, die den Mikrochip deines Hundes registriert, aktuell sind, besonders deine Handynummer. Wenn du in den Urlaub fährst, bringen manche Besitzer gerne ein temporäres Schild an das Halsband ihres Hundes mit ihrer Urlaubsadresse an, da dies manchmal die Rückführung des Hundes beschleunigen kann.

Wenn du eine lange Strecke reist oder längere Zeit weg sein wirst, solltest du deinen Hund vielleicht vor der Reise zu einem Gesundheitscheck beim Tierarzt bringen. Dies gibt dir die Möglichkeit, nach regionsspezifischen Krankheiten zu fragen, die in deiner Gegend möglicherweise nicht verbreitet sind. In wärmeren Klimazonen kommen zum Beispiel oft mehr Zecken vor und feuchtere Klimazonen könnten durch das Vorkommen von Lungenwürmern problematisch sein. Es lohnt sich bereits vor Reiseantritt nach guten Tierarztpraxen am Urlaubsziel zu suchen. So hast du direkt Adressen und Telefonnummern, solltest du im Notfall einen Tierarzt benötigen. Speichere die Telefonnummern einiger örtlicher Tierärzte in deinem Handy für den Fall, dass du kein Internet vor Ort hast. Stelle auch sicher, dass du die Nummer deines regulären Tierarztes in deinem Handy gespeichert hast, da der Notfalltierarzt möglicherweise die Krankengeschichte deines Hundes benötigt.

Reisen im Auto

„Labradoodles sind äußerst sozial und wollen bei ihrer Familie sein. Sie lieben es, mit dir unterwegs zu sein und alles zu tun, was du tust. Sie sind hervorragende Reisebegleiter, solange du ihnen beibringst, gut im Auto zu reisen und an der Leine ruhig zu bleiben."

Rochelle Woods
Spring Creek Labradoodles

In vielen Ländern, wie zum Beispiel in Großbritannien, ist es illegal mit einem ungesicherten Hund im Auto zu reisen. Stelle daher, nach Möglichkeit immer, sicher, dass dein Hund nicht in einem fahrenden Auto herumspringen oder bei einem Unfall aus dem Auto geschleudert werden kann. Wenn du mit einem ungesicherten Hund im Auto fährst, dann kann auch dein Fahrzeug- und/oder Haustierversicherungsschutz verfallen. Um also

Foto von
Blair Brainard

sicher mit deinem Labradoodle zu reisen, musst du dich zwischen einer Transportbox, einem Hundegitter und einem Reisegeschirr entscheiden.

Wenn dein Labradoodle boxentrainiert ist, dann sieht er eine Box bereits als sicheren Ort an, an dem er sich niederlassen und entspannen kann. Dadurch ist er weniger anfällig für Stress und Reisekrankheit, während er sicher untergebracht ist und das Auto nicht verschmutzen kann.

Du kannst die normale Box deines Hundes für die Reise verwenden und sie einfach ins Auto stellen. Die meisten Besitzer, die regelmäßig mit ihren Labradoodles reisen, finden es praktischer eine separate Box für das Auto zu haben. Je nach Fahrzeugtyp passt gegebenenfalls eine Box mit schräger Vorderseite besser in den Kofferraum als eine quadratische Box. Oder du lässt dir sogar eine Box nach Maß für dein Auto anfertigen. Du kannst ein Bett, Decken oder Handtücher in die Box legen, damit dein Hund es bequem hat.

Wenn du keine Box verwenden möchtest, dann kannst du alternativ ein Hundegitter zwischen deinen Rücksitzen und dem Kofferraum installieren. Viele Hundegitter sind verstellbar und passen in die meisten Fahrzeuge. Du kannst auch eines kaufen, das speziell für dein Auto hergestellt wurde. Der Vorteil einer maßgeschneiderten Lösung ist, dass der Hund keine Lücken hat, um sein Kinn abzustützen, während er auf die Rücksitze sabbert! Eine maßgeschneiderte Kofferraumauskleidung ist auch eine gute Idee, wenn du dein Fahrzeug in gutem Zustand halten möchtest.

Eine weitere Option für das Reisen mit deinem Labradoodle im Auto ist ein Hundegeschirr. Diese passen sicher um die Brust des Hundes und werden am Sicherheitsgurt befestigt. Auch wenn dein Hund anfangs gegen die Einschränkung protestiert, wird er sich bald daran gewöhnen und sich auf dem Rücksitz niederlassen. Du solltest jedoch deinen Sitz abdecken, besonders wenn du deinen Labradoodle zu einem schlammigen Spaziergang mitnimmst.

Reisekrankheit führt nicht immer zum Erbrechen, aber wenn dein Hund im Auto übermäßig sabbert oder mit den Lippen schmatzt, dann können dies Zeichen dafür sein, dass er Übelkeit verspürt. Wenn dir bekannt ist, dass dein Hund zu Reisekrankheit neigt, dann sollte er immer mit leerem Magen reisen. Dein Tierarzt kann auch Medikamente gegen Reisekrankheit verschreiben, die du eine halbe Stunde vor der Abfahrt geben kannst.

Denke bei Reisen vor allem an den Komfort deines Hundes. Dazu gehören Bettzeug, Zugang zu Wasser und regelmäßige Gelegenheiten, sich zu erleichtern. Viele Hunde können auf einer Reise nicht mit Futter umgehen, daher hat dies keine Priorität. Wenn deine Reise jedoch lang ist, dann braucht dein Hund mindestens alle 12 Stunden eine kleine Mahlzeit und etwas Zeit,

Foto von
Melissa Rodriguez

um zu verdauen. Wenn dein Fahrzeug nicht klimatisiert ist, musst du auch auf die Temperatur achten. Wähle in dem Fall, je nach klimatischen Bedingungen, die angenehmste Tageszeit zum Reisen.

Denke schließlich immer daran, dass Hunde sehr schnell sterben können, wenn sie bei geschlossenen Fenstern in einem heißen Auto zurückgelassen werden, da die Temperatur im Inneren viel schneller ansteigen kann, als du denkst. Wenn du das Auto verlassen musst, nimm deinen Hund möglichst mit. Musst du deinen Hund kurz allein lassen, dann stelle sicher, dass du im Schatten parkst und ausreichend frische Luft durch den Wagen zirkulieren kann.

Reisen mit dem Flugzeug

Es ist nie ideal, einen Hund mit dem Flugzeug zu transportieren, aber manchmal muss es sein, zum Beispiel wenn du umziehst. Auch bei einer Rasse wie dem Labradoodle versenden manche Züchter ihre Welpen ins Ausland zu ihren neuen Besitzern.

Es gibt viel zu bedenken, wenn du deinen Hund mit dem Flugzeug transportierst.

In manchen Fällen können kleine Hunde in der Kabine reisen, solange ihre Box unter den Sitz passt. Die meisten ausgewachsenen Labradoodles sind jedoch zu groß, sodass sie als Fracht reisen müssen. Eine Ausnahme bilden Assistenzhunde, die mit ihren Besitzern reisen können.

Egal ob dein Hund in der Kabine oder als Fracht reist: Du brauchst eine für den Flug zugelassene Box, die groß genug ist, damit dein Hund aufstehen und sich darin bewegen kann. Erfrage die maximalen Abmessungen bei deiner Fluggesellschaft. Die Box sollte ein Schild mit der Aufschrift „Lebendes Tier" haben und ein Etikett mit deinem Namen, deiner Adresse, deiner Handynummer und den Kontaktinformationen deines Ziels. Ein Foto deines Hundes sollte ebenfalls angebracht werden, um Verwechslungen zu vermeiden, und dein Hund sollte auch ein Namensschild mit den gleichen Informationen tragen. Verschließe die Box nicht mit einem Schloss, da das Flughafenpersonal sie möglicherweise öffnen muss. Normalerweise reist ein Hund mit leerem Magen, aber du solltest für den Fall längerer Verzögerungen eine kleine Tüte Futter an der Box befestigen, damit das Flugpersonal ihn bei Bedarf füttern kann.

Viele Besitzer fühlen sich viel sicherer, wenn sie einen spezialisierten Tiertransportdienst nutzen, um alle Vorkehrungen für den Flug zu treffen. Dieser sorgt unter anderem auch dafür, dich und deinen Hund auf densel-

Foto von
Courtney Nadeau

ben Flug zu buchen. Normalerweise stellt der Service auch eine Transportbox zur Verfügung. Wenn du nicht oft mit deinem Hund fliegst, kann die Beauftragung eines professionellen Dienstes Geld sparen und dir Seelenfrieden geben.

Wenn du deine eigenen Vorkehrungen triffst, solltest du zunächst deinen Flug gründlich recherchieren. Vermeide, wenn möglich, Flugzeugwechsel und geschäftige Ferienzeiten. In warmen Klimazonen solltest du versuchen, während der kühleren Tageszeit zu fliegen, und in kalten Klimazonen am besten zur Tagesmitte. Du wirst deine Buchung wahrscheinlich telefonisch statt online bei der Fluggesellschaft vornehmen müssen, um sicherzustellen, dass dein Hund auf dem von dir gewünschten Flug reisen kann und dass für euch beide auf demselben Flug Platz ist.

Wenn du international reist und einen Heimtierausweis benötigst, dann denke früh genug an entsprechende Vorkehrungen, da einige Impfungen wie Tollwut Zeit brauchen, um wirksam zu werden, und durch einen Bluttest bestätigt werden müssen.

Wenn deine Buchung erfolgt ist, solltest du mindestens 30 Tage vor deinem Flug einen Termin bei deinem Tierarzt für einen Gesundheitscheck vereinbaren. Dein Tierarzt wird ein Zertifikat zur Reisetauglichkeit deines Hundes ausstellen und seine Impfungen auf dem neuesten Stand sind. Wenn du eine Rückreise planst und diese über die 30-tägige Gültigkeitsdauer deines Gesundheitszeugnisses hinausgeht, musst du während deiner Abwesenheit einen weiteren Termin am Reiseort vereinbaren, um ein neues Zeugnis zu erhalten.

Beruhigungsmittel werden für Hunde, die mit dem Flugzeug reisen, normalerweise nicht empfohlen, da sie das Risiko von Herz- oder Atemproblemen durch den Luftdruck erhöhen können. Sie können auch zu Gleichgewichtsverlust führen, wodurch sich dein Hund unwohl fühlt.

Vor der Reise ist es wichtig, die vorhergesagten Temperaturen zu dieser Jahreszeit zu recherchieren. Wenn es bei Abflug, Ankunft und Anschlüssen unter 7 Grad Celsius oder über 29 Grad Celsius ist, darf dein Hund zu seiner eigenen Sicherheit möglicherweise nicht reisen. Es sei denn, du kannst ein Schreiben deines Tierarztes vorlegen, das bestätigt, dass dein Hund häufig diesen Temperaturen ausgesetzt ist und daher daran gewöhnt ist.

Urlaubsunterkunft

Die meisten Labradoodles werden es lieben, dich in den Urlaub zu begleiten, einfach weil sie immer bei dir sein wollen, besonders wenn dein Ziel das Erkunden der Landschaft oder Schwimmen im Meer beinhaltet. Und für viele Familien ist ein Urlaub einfach nicht dasselbe ohne die überschwängliche Teilnahme ihres Hundes!

Das Erste, was viele Besitzer bei der Buchung ihres Urlaubs tun, ist daher, nach Unterkünften zu suchen, die Hunde akzeptieren. Es ist wichtig zu prüfen, ob ein Hund in der Größe eines Labradoodles in deinem geplanten Hotel oder deiner Ferienwohnung willkommen ist, da einige Ferienunterkünfte nur kleine Hunde erlauben.

Lese in den Besucherinformationen die Hausregeln, sobald du an deinem Ziel angekommen bist. Wahrscheinlich darf dein Hund nicht auf die Möbel oder das Bett. Möglicherweise darf er auch nicht in die oberen Etagen, wenn die Unterkunft mehr als ein Stockwerk hat. Es ist wichtig, diese Regeln zu respektieren, da dein Hund Gast in jemandes Eigentum ist, das auch von vielen anderen Menschen genutzt wird. Du solltest deinen Hund nicht allein in einer Ferienunterkunft lassen, da er an einem unbekannten Ort unruhiger sein könnte, was zu lautem Bellen oder sogar zerstörerischem Verhalten führen kann. Wenn du wirklich organisiert bist, kannst du lokale Hundesitter für deinen Urlaubsort suchen, falls du zu einem Familienessen oder einem Ausflug gehen möchtest, bei dem Hunde nicht erlaubt sind.

Stelle immer sicher, dass du die Unterkunft in dem Zustand verlässt, in dem du sie vorgefunden hast. Das wenig haarende Fell des Labradoodles ist dabei ein Vorteil, da du ein Hotel oder eine Ferienwohnung verlassen können solltest, ohne dass eine Spur deines Hundes zurückbleibt!

Deinen Hund zu Hause lassen

Wenn du für deinen Urlaub ins entfernte Ausland reist, wirst du dich wahrscheinlich eher dazu entscheiden, deinen Labradoodle zu Hause zu lassen. In diesem Fall stehen dir mehrere Möglichkeiten offen.

Viele Besitzer haben das Glück einen vertrauenswürdigen Freund oder ein Familienmitglied zu haben, die bereit sind, sich um deinen Hund zu kümmern. Entweder nehmen sie den Hund mit zu sich oder sie kommen dafür zu dir. Wenn dein Hund bei deinem Freund untergebracht wird, sind ein paar Dinge zu beachten. Überprüfe im Vorfeld den Garten und stelle sicher, dass er vollständig gesichert ist. Überlasse dem Aufpasser das Bett oder die Box deines Hundes, seine Leine, Spielzeug und Näpfe. Sorge dafür, dass er genügend von dem regulären Futter für die Zeit deiner Abwesenheit hat. Du kannst das Futter in Portionsbeuteln abpacken, um es einfacher zu machen. Schriftliche Anweisungen sind ebenfalls hilfreich, besonders wenn dein Hund Medikamente einnimmt, und du solltest Kontaktinformationen deines Aufenthaltsorts sowie Angaben zu deinem örtlichen Tierarzt hinterlassen.

Wenn dein Freund einen eigenen Hund hat, dann stelle sicher, dass sich die Hunde kennen, bevor deiner zu Besuch kommt. Gehe mit ihnen in neutralem Gebiet spazieren, damit der ansässige Hund sich nicht defensiv gegenüber deinem Hund verhält, weil er sein Zuhause und seine Menschen teilen muss. Diese Regelung funktioniert oft gut für Hundebesitzer, da der Gefallen erwidert werden kann.

Wenn du keine Freunde und keine Familienmitglieder hast, die auf deinen Hund aufpassen können, kannst du dich für die Dienste eines Profis entscheiden. Auch in diesem Fall kann es sein, dass der Hundesitter den Hund mit zu sich nimmt oder die Pflege bei dir übernimmt. Wenn dein Hund im Haus des Tiersitters untergebracht werden soll, ist es wahrscheinlich gut für Hunde eingerichtet. Es könnten jedoch gleichzeitig andere Hunde dort sein, daher sollte dein Hund gesellig sein (normalerweise kein Problem für Labradoodles) und seine Impfungen sollten auf dem neuesten Stand sein. Wenn der Tiersitter in deinem Haus bleibt, kann dies kostspieliger sein, aber dein Hund wird an seinem vertrauten Ort bleiben und dein Zuhause wird ebenfalls betreut, während du weg bist.

Schließlich kannst du deinen Labradoodle auch in einer Hundepension unterbringen. Wenn du noch keine Hundepension genutzt hast, dann frage bei hundebesitzenden Freunden nach Empfehlungen. Du wirst deinen Urlaub mehr genießen, wenn du weißt, dass andere bereits gute Erfahrungen in der von dir gewählten Hundepension gemacht haben.

Das Personal in Hundepensionen besteht aus Fachleuten mit viel Erfahrung in der Hundepflege und im Umgang mit Beschwerden. Dein Hund wird wahrscheinlich in einem Zwinger bleiben, der in zwei Bereiche unterteilt ist: einen geschützten Schlafbereich und einen Auslauf im Freien. Er wird ein- oder zweimal am Tag zum Spazierengehen herausgenommen und darf wahrscheinlich in einem Gemeinschaftsbereich spielen. Wenn du eine Hundepension für deinen Hund wählst, müssen seine Impfungen durch einen aktuellen Impfausweis nachgewiesen werden, einschließlich Zwingerhusten.

KAPITEL 11
Ernährung

Die Bedeutung der Ernährung

Die Ernährung ist von entscheidender Relevanz, um deinen Labradoodle in Topform zu halten. Da dein Labradoodle wahrscheinlich alles fressen würde, liegt es in deiner Verantwortung, sicherzustellen, dass er nur Zugang zu hochwertiger Nahrung hat. Die Ernährung steht in engem Zusammenhang mit der Gesundheit von Haut, Fell, Augen, Gehirn, Nerven, Immunsystem, Darm, Nieren und Herz. Es lohnt sich also, darauf zu achten! In diesem Kapitel

Foto von
Chrystal Sanchez

schauen wir uns an, welche Arten von Futter auf dem Markt erhältlich sind und was für deinen Labradoodle am besten geeignet ist.

Futterarten

Die Regale im Supermarkt oder Zoofachgeschäft können anfangs ziemlich überwältigend wirken. Es gibt viele verschiedene Futterarten, von Nass- bis Trockenfutter, mit unterschiedlichen Geschmacksrichtungen und von verschiedenen Herstellern innerhalb einer großen Preisspanne. Wie wählst du nun das richtige Futter aus?

Als guter Ausgangspunkt gilt: Wenn du einen Welpen hast, dann füttere in den ersten Wochen das Futter weiter, das der Züchter ihm gegeben hat. Der Grund dafür ist, dass der Magen eines Welpen anfällig für Stress sein kann. Um den Übergang in ein neues Zuhause so reibungslos wie möglich zu gestalten, ist es daher am besten, bei der gewohnten Ernährung zu bleiben. Nach einigen Wochen mit dem alten Futter kannst du ihn dann langsam auf das Futter deiner Wahl umstellen.

Wenn du also ins Zoofachgeschäft gehst, besteht die erste Entscheidung darin, ob du deinen Welpen mit Nass- oder Trockenfutter füttern möchtest. Beide haben ihre Vor- und Nachteile. Viele Besitzer entscheiden sich dafür, eine Mischung aus beidem zu füttern. Nassfutter ist deutlich schmackhafter als Trockenfutter und Hunde mit wählerischem Appetit bevorzugen es möglicherweise. Dies dürfte allerdings kein Problem sein, wenn dein Labradoodle den Appetit eines Labradors geerbt hat! Nassfutter hat in der Regel auch einen höheren Proteingehalt als Trockenfutter, was für einen Hund natürlicher ist. Trockenfutter hingegen hat meist einen höheren Kohlenhydratgehalt, was nicht so nah an die Ernährung der Vorfahren deines Hundes rankommt, obwohl viele Hunde trotzdem gut damit zurechtkommen. Der positive Aspekt von Trockenfutter ist, dass die Kroketten dazu beitragen, die Zähne des Hundes zu reinigen und später im Leben Zahnerkrankungen vorbeugen können.

Andere Futterarten, auf die du achten solltest, sind alters-, größen- und rassespezifische Produkte. Alle heranwachsenden Welpen sollten ein Welpenfutter bekommen. Dieses enthält deutlich mehr Protein, Kalzium und Phosphor für die wachsenden Muskeln und Knochen. Ältere Hunde sollten ein Seniorfutter erhalten. Seniorenrezepturen haben weniger Kalorien aufgrund des eher bewegungsarmen Lebensstils sowie mehr Omega-Öle zur Unterstützung der Gelenk- und Herzgesundheit. Es gibt auch Futtersorten für verschiedene Hundegrößen. Wenn du einen Mini-Labradoodle ge-

Foto von
Delaney Price

kauft hast, kann er von einem Futter für kleine Rassen profitieren. Ebenso wird dein Labradoodle, wenn er über 27 kg wiegt, am besten mit einem Futter für große Rassen versorgt. Neben der Krokettengröße haben diese größenspezifischen Futtersorten leicht unterschiedliche Zusammensetzungen von Mineralstoffen, Vitaminen, Proteinen und Kohlenhydraten, um den Wachstums- und Stoffwechselunterschieden zwischen den Größen gerecht zu werden.

Wie man ein gutes Futter auswählt

Nachdem wir die verschiedenen Ernährungsformen besprochen haben und du eingegrenzt hast, welche Art von Futter du möchtest, wirst du wahrscheinlich immer noch mit mehreren Marken konfrontiert, die alle deinen Kriterien entsprechen. Es gibt verschiedene Möglichkeiten, die Qualität des Hundefutters allein durch einen Blick auf das Etikett zu beurteilen, einschließlich der Informationen über die Inhaltsstoffe und der garantierten Analyse.

Inhaltsstoffe

Alle Hundefutter müssen eine umfassende Zutatenliste auf der Verpackung haben. Die Zutaten sind nach Gewicht aufgelistet, was bedeutet, dass die erste Zutat auf der Liste den größten Anteil im Rezept ausmacht. Dies kann manchmal etwas verwirrend sein, da Lamm zum Beispiel viel Wasser enthält. Obwohl es also die schwerste Zutat sein mag, ist es möglicherweise nicht der Hauptlieferant von Protein in der Ernährung. Ebenso enthält dehydriertes Fleisch, bekannt als „Mehl", wie zum Beispiel Hühnerfleischmehl, 300 Prozent mehr Protein als das gleiche Gewicht in seiner hydrierten Form.

Bei der Betrachtung der Zutatenliste solltest du ein Futter finden, das eine tierische Proteinquelle als Hauptzutat hat. Dies ist die natürlichste Nahrung für einen Hund. Andere Zutaten im Rezept sollten Kohlenhydrate und Gemüse sein, mit minimalen chemischen Zusatzstoffen. Gemüse ist eine besonders ausgezeichnete Quelle für die Vitamine A, B und C sowie für Magnesium, Kalium und Eisen. In Kombination hilft dies, Augen und Gehirn gesund zu halten, den Herzschlag in einem regelmäßigen Rhythmus zu halten, das Immunsystem zu stärken, die Produktion roter Blutkörperchen zu verbessern und die Nervenleitung zu unterstützen.

Einige Menschen entscheiden sich dafür, ihren Hunden keine Nahrung mit Getreide zu geben. Es gibt Hinweise darauf, dass Getreide zu Hautallergien und Herzerkrankungen beitragen kann, allerdings fehlen derzeit noch wissenschaftliche Beweise. In Wirklichkeit vertragen die meisten Hunde

Getreide sehr gut. Wenn dein Hund Getreide verträgt, kann es eine ausgezeichnete Quelle für Ballaststoffe sein, die den Stuhlgang deines Hundes regelmäßig halten.

Schließlich gibt es einen bestimmten Inhaltsstoff, den du für deinen Labradoodle sicherstellen solltest: eine Zutat mit hohem Gehalt an Omega-Fettsäuren. Diese sind möglicherweise nicht direkt auf der Zutatenliste aufgeführt, können aber in öligen Zutaten wie Fisch und Samen gefunden werden. Omega-Öle sind für Labradoodles aus zwei Gründen besonders wichtig: Erstens helfen sie, ihr Fell gesund und glänzend zu halten, und zweitens verbessern sie die Gesundheit der Gelenke, was bei Labradoodles ein Rasseproblem sein kann.

Garantierte Analyse

Gemäß den Richtlinien des BMEL (Bundesministerium für Ernährung und Landwirtschaft) und der Koordination durch das BVL (Bundesamt für Verbraucherschutz und Lebensmittelsicherheit) müssen alle Tierfutteretiketten eine garantierte Analyse enthalten. Dies ist eine Aufschlüsselung der Bestandteile des Futters: Kohlenhydrate, Proteine, Ballaststoffe, Asche, Feuchtigkeit und Fette. Dies ist nur in Kombination mit der Betrachtung der Zutaten nützlich und kann dadurch einen wertvollen Einblick in den Nährwert des Futters geben. Bei den Angaben der analytischen Bestandteile handelt es sich um Prozentangaben, wobei ein Vergleich zwischen Nass- und Trockenfutter einige Umrechnungen benötigt.

Wenn zum Beispiel ein Nassfutter zu 75 Prozent aus Wasser besteht, bedeutet das, dass der Trockenanteil 25 Prozent beträgt. Wenn der Proteingehalt dann fünf Prozent beträgt, kann dies umgerechnet werden, indem man durch den Trockenmasseanteil teilt: 5/0,25 = 20 Prozent Protein auf Trockenmassebasis. Wenn ein ähnliches Trockenfutter, das du vergleichen möchtest, einen Feuchtigkeitsgehalt von 10 Prozent und einen Trockengehalt von 90 Prozent mit einem Proteingehalt von 20 Prozent hätte, würde die Berechnung wie folgt aussehen: 20/0,9 = 22,2 Prozent Protein auf Trockenmassebasis.

BARF und selber kochen

Rohfutter und, weniger häufig, selbst zubereitete Mahlzeiten werden trotz ihrer Umstrittenheit immer beliebter. Viele Menschen, die ihre Hunde mit Rohfutter füttern, sind fest von den Vorteilen überzeugt und verteidigen ihre Wahl vehement. Sie behaupten, dass sich die Gesundheit ihrer Hunde sowie Fell, Haut, Zähne, Energieniveau und Verhalten verbessert haben.

Persönliche Erfahrungsberichte sowie Fotos vor und nach der Ernährungsumstellung können durchaus überzeugend sein. Dennoch befinden sich die Vorteile dieser Ernährung noch sehr im anekdotischen Stadium. Wenn du sie also für deinen Labradoodle in Betracht ziehst, solltest du vorher gründlich recherchieren und einen Tierernährungsberater konsultieren.

Rohfutterdiäten kamen erstmals 1993 auf den Markt, als ein Tierarzt namens Ian Billinghurst aus Australien vorschlug, dass es am besten wäre, eine Ernährung zu bieten, die näher an der natürlichen Nahrung von in freier Wildbahn lebenden Hunden herankommen würde. Diese Art der Ernährung wird „BARF" genannt, was für „Bones and Raw Food" (Knochen und Rohfutter) oder „Biologically Appropriate Raw Food" (biologisch angemessenes Rohfutter) steht. BARF-Diäten bestehen in der Regel aus ungekochtem Fleisch, ganzen oder zerkleinerten ungekochten Knochen, rohen Eiern, Gemüse und Obst. Billinghurst war davon überzeugt, dass diese Art der Er-

nährung für die Gesundheit von Haushunden vorteilhafter sei und er äußerte sich deutlich gegen kommerzielles Hundefutter. Seine Ansicht wird jedoch von den meisten Tierärzten heute nicht mehr unterstützt.

Inzwischen gibt es zahlreiche Studien über Rohfutter, die eine hohe Anzahl gefährlicher Krankheitserreger belegen, welche durch die Fütterung auf Hunde und ihre Besitzer übertragen werden können. Zu diesen Krankheitserregern gehören Bakterien wie Salmonellen, E.coli und Campylobacter. Sie bleiben nicht nur im Speichel deines Hundes, sondern sind auch im Kot und im Fell vorhanden. Das bedeutet, dass die Bakterien leicht auf Menschen übertragen werden können. Besonders gefährdet sind anfällige Menschengruppen wie Kinder und Senioren. In diesen Altersgruppen können Infektionen mit diesen Krankheitserregern lebensbedrohlich sein. Auch Hunde können Krankheiten durch Infektionen entwickeln, die von diesen Krankheitserregern stammen. Jedoch ist das Verdauungssystem eines Hundes im Allgemeinen deutlich robuster als das eines Menschen. Viele Hunde können daher einem gewissen Kontakt standhalten, ohne eine Krankheit zu entwickeln. Peinlich genaue Hygiene bei der Zubereitung kann einige der Risiken mindern. Das Desinfizieren des Bereichs, in dem das Futter zubereitet wurde, deiner Hände und des Napfes deines Hundes nach jedem Gebrauch wird diese schädlichen Krankheitserreger in der Umgebung erheblich reduzieren.

BARF-Diäten, in denen ganze Knochen enthalten sind, bringen weitere Risikofaktoren mit sich. Knochen sind eine Erstickungsgefahr und können Zahnschäden, innere Punktionen und mechanische Verstopfungen verursachen. Die meisten Rohfutterbefürworter argumentieren, dass rohe Knochen flexibler sind und besser verdaut werden als gekochte Knochen, aber unabhängig davon besteht immer noch ein gewisses Risiko.

Das Hauptanliegen der Tierärzte ist schließlich die Schwierigkeit, BARF- und selbstgekochte Ernährungen angemessen auszubalancieren. In einer Studie über 95 selbstgemachte Hundefutterdiäten wurde bei 60 Prozent ein größerer Nährstoffmangel festgestellt. Die Mehrheit der Selbstzubereiter hat keinen Expertenrat von einem Tierernährungsberater eingeholt, sondern die Ernährung ihres Hundes durch eigene Recherchen oder Ratschläge von Züchtern oder Freunden entwickelt, die ihre Hunde ebenfalls mit rohem oder selbstgemachtem Futter ernähren. Infolgedessen ist die Ernährung unausgewogen. Oft bieten diese übermäßige Mengen an Kalzium und Phosphor oder falsche Mengen anderer Nährstoffe. Dies kann bei einem Hund schwerwiegende Folgen haben, wie eine Rachitis, Blasensteine und Wachstumsstörungen, besonders wenn das Tier noch nicht ausgewachsen ist.

Dennoch gibt es einige Anbieter von Rohfutter auf dem kommerziellen Markt, die es sich zur Aufgabe gemacht haben, Produkte herzustellen, die viele dieser potenziellen Fallstricke abmildern können. Obwohl Tierärzte in der Regel der Meinung sind, dass selbstgemachtes Rohfutter äußerst gefährlich sein kann, akzeptieren viele inzwischen kommerziell hergestellte Produkte. Dies liegt daran, dass diese Produkte getestet werden, um sicherzustellen, dass die Nährstoffe ausgewogen sind. Viele Hersteller testen ihr Fleisch auch auf Krankheitserreger und können daher bescheinigen, dass sie frei von Krankheitserregern und für den Verzehr unbedenklich sind.

Trotz der offensichtlichen Risiken werden viele Menschen immer noch durch anekdotische Beweise, aktuelle Trends und durchaus überzeugende Fotos vor und nach der Ernährungsumstellung zu selbstgemachten Rohkostdiäten getrieben. Leider sind eine große Anzahl dieser Influencer Rassehunde- oder Designer-Hundezüchter, die ihre Leidenschaft an unwissende Erstwelpenkäufer weitergeben, die sich der Risiken nicht bewusst sind. Du solltest daher immer deine eigenen Recherchen betreiben und dich gut informieren.

Leckerlis

Jeder Besitzer liebt es, seinen Hund zu füttern. Es ist ein einfacher Weg zu seinem Herzen, besonders zum Herzen eines Labradoodles! Deinem Hund jedoch ständig Leckerlis zu geben ist dasselbe wie deinem Kind ständig Süßigkeiten zu geben. Leckerlis sind nicht so nahrhaft wie reguläres Futter und dein Hund braucht die zusätzlichen Kalorien nicht. Gelegentliche Leckerlis sind in Ordnung, besonders beim Training deines Labradoodles, aber übertreibe es nicht.

Es gibt viele verschiedene Arten von Leckerlis auf dem Markt: von kleinen, bissgroßen Trainingssnacks bis hin zu Knochen und Geweihen. Am besten meidest du Leckerlis, die Verstopfungen verursachen oder splittern können, wie gekochte Knochen oder Kaustreifen aus Rinderhaut. Geweihe sind jedoch hervorragend für deinen Hund zum Nagen, wenn du nach einem leckeren, lang anhaltenden Snack suchst. Leberhappen sind auch perfekt portionierte, natürliche und nahrhafte Belohnungen beim Training.

Denke immer daran, dass Leckerlis Kalorien enthalten. Du solltest daher die Menge des Tagesfutters deines Hundes unter Berücksichtigung der Leckerlimenge anpassen.

Gewichtskontrolle

Die Kontrolle des Gewichts deines Hundes ist genauso wichtig wie die Überwachung deines eigenen. Es gibt jedoch so viele Variationen in der Labradoodle-Rasse, sodass es unmöglich ist, zu sagen, dass ein Labradoodle ein bestimmtes Gewicht haben sollte.

Daher ist der beste Weg, das Gewicht zu überwachen, nicht durch Zahlen, sondern durch den Body Condition Score (Körperkonditionsbeurteilung). Ein idealer Body Condition Score liegt bei 4 bis 5, wobei die Skala von 1 (abgemagert) bis 9 (fettleibig) reicht. Die Bewertungen sind standardisiert und von Hund zu Hund leicht und wiederholbar anzuwenden. Labradoodles erfordern eine Beurteilung durch Abtasten, da ihr üppiges, langes Fell die Konturen der Rippen, der Taille und der Baucheinziehung verdecken kann. Hier sind die Beschreibungen der folgenden Bewertungen:

BCS 1 = Abgemagert. Rippen, Lendenwirbel und Knochenvorsprünge um das Becken sind deutlich sichtbar. Es liegt ein schwerer Muskelverlust vor und kein Körperfett.

BCS 3 = Untergewichtig. Die Rippen können leicht gefühlt werden und sind möglicherweise sichtbar. Es ist nicht viel Fett vorhanden. Der Bauch zieht sich an der Flanke nach oben und die Taille ist von oben zu sehen. Einige Knochenvorsprünge sind sichtbar. Die Oberseite der Lendenwirbel ist optisch leicht zu erkennen.

BCS 5 = Idealgewicht. Über den Rippen befindet sich eine minimale Fettschicht und sie können leicht gefühlt werden. Taille und Rippen sind sichtbar, wenn man über dem Hund steht. Der Bauch ist von der Seite betrachtet eingezogen.

BCS 7 = Übergewichtig. Fett über den Rippen ist vorhanden und es ist etwas Druck erforderlich, um sie zu fühlen. Es gibt Fettablagerungen über dem Hinterteil und um den Schwanzansatz. Die Taille ist nicht leicht erkennbar. Die Baucheinziehung ist vorhanden, aber gering.

BCS 9 = Fettleibig. Es gibt viel Fett um den Schwanzansatz, die Wirbelsäule und die Brust. Der Bauch kann hinter den Rippen hervortreten. Keine Taille oder Baucheinziehung ist sichtbar. Es gibt Fettablagerungen am Hals und an den Gliedmaßen.

Wenn dein Labradoodle trotz regelmäßiger und angemessener Bewegung mit seinem Gewicht zu kämpfen hat, gibt es zwei Ansätze, die versucht werden sollten. Erstens kannst du seine Futteraufnahme um 10 Prozent verändern. Dies geschieht, indem du abwiegst oder misst, wie viel Futter du normalerweise gibst, und dann die Änderung berechnest. Die andere Option ist, die Futtermenge zu füttern, die laut Verpackung auf der Grundlage des Zielgewichts erforderlich ist. Wenn du Unterstützung benötigst, bieten viele Tierarztpraxen Wiegeaktionen mit ihren Tierarzthelferinnen an, die eine ausgezeichnete Quelle für Ermutigung und Tipps sein können.

Letztendlich ist jeder Labradoodle ein Individuum und daher gibt es nicht die eine perfekte Ernährung, die für alle Labradoodles geeignet ist. Wenn du dir nicht sicher bist, wie du die optimale Ernährung für einen gesunden Hund gestalten sollst, dann ist es am besten, die Hilfe von Fachleuten wie Hunde- oder Tierernährungsberatern, Tierarzthelferinnen oder Tierärzten in Anspruch zu nehmen. Schließlich willst du sicherstellen, dass dein Hund das bestmögliche, gesündeste Leben führt, das du ihm bieten kannst.

KAPITEL 12
Fellpflege

„Die Fellpflege deines Labradoodles kann nicht nur für die notwendige Aufrechterhaltung des Fells sorgen, sondern auch eine tolle Möglichkeit sein, eure Bindung zu stärken. Halte die Haare an den Ohren nicht länger als 1,5 cm über dem Ohrrand und schneide die Haare unter der Ohrklappe kurz, damit genügend Luft zirkulieren kann. Halte die Haare am Kinn ordentlich gestutzt, damit nach dem Trinken nicht zu viel Wasser von ihnen heruntertropft. Halte die Haare an den Vorderpfoten und zwischen den Ballen kurz geschnitten, um zu verhindern, dass zu viel Schmutz und Dreck mit ins Haus gebracht wird. Mache einen ‚Hygieneschnitt' um das Fell sauber und frei von Urin- oder Kotrückständen zu halten. Achte immer darauf, dass die Haare zwischen den Augen gekürzt sind, damit die Sicht nicht behindert wird.“

Rochelle Woods
Spring Creek Labradoodles

Einer der Hauptgründe, warum du dich für einen Labradoodle interessierst, ist vermutlich sein wunderschönes Fell und sein niedliches, kuscheliges Aussehen. Manche Labradoodles haben den Vorteil, dass sie kaum haaren, was bedeutet, dass sie ihr Fell nicht verlieren. Daher ist eine gute Fellpflege unerlässlich. Wie bereits erwähnt, gibt es Labradoodles mit verschiedenen Fellarten und oft weißt du erst, wenn sie etwas älter sind, welche Art dein Labradoodle haben wird. Egal welche Fellart er letztendlich hat, sie wird eine gewisse Pflege benötigen. Neben dem Fell müssen auch die Ohren, Zähne, Krallen und Analdrüsen regelmäßig gepflegt werden, um die allgemeine Gesundheit deines Hundes zu gewährleisten. Dieses Kapitel gibt dir einen Überblick, wie du deinen Labradoodle aus Sicht der Fellpflege gut versorgst.

Foto von
Patricia Adams

Fellarten

„F1-Labradoodles sind typischerweise die ‚Wasch-und-Trag'-Variante mit dem geringsten Pflegeaufwand. F2, Multi-Gens und F1B benötigen in der Regel tägliches Bürsten und regelmäßige Pflege. Eine gute Faustregel: Wenn das Fell bereits verfilzt ist, ist es zu spät. Besser kurz scheren und neu anfangen. Die meisten Doodle-Besitzer lassen im Sommer einen kürzeren ‚Sommerschnitt' machen, der bis zum Winter wieder nachgewachsen ist. Informiere dich gut über deinen Hundefriseur und stelle sicher, dass er mit der Rasse und den Schnitten vertraut ist. Mach aus deinem ‚Doodle' keinen ‚Pudel'."

Jenny Williams
Happy Go Lucky Labradoodles

Der Labradoodle kann eine von drei Fellarten haben: Haar, Vlies oder Wolle. Diese werden hauptsächlich durch die Genetik der Eltern beeinflusst.

Es ist jedoch nicht unmöglich, dass plötzlich Vorfahren-Gene auftauchen und einen Welpen mit einer unerwarteten Fellart hervorbringen. F1 und frühe Generationen zeigen häufiger Unterschiede innerhalb eines Wurfs. Wenn du jedoch einen Labradoodle aus mehreren Generationen Züchtung kaufst, kannst du dir sicherer sein, was du bekommst.

Haarfell

Das Haarfell ähnelt dem eines Labradors, ist aber etwas länger. Es kommt häufig in den F1-, F1b- und F2b-Generationen vor. Es kann einen Geruch annehmen und wird in gewissem Maße haaren.

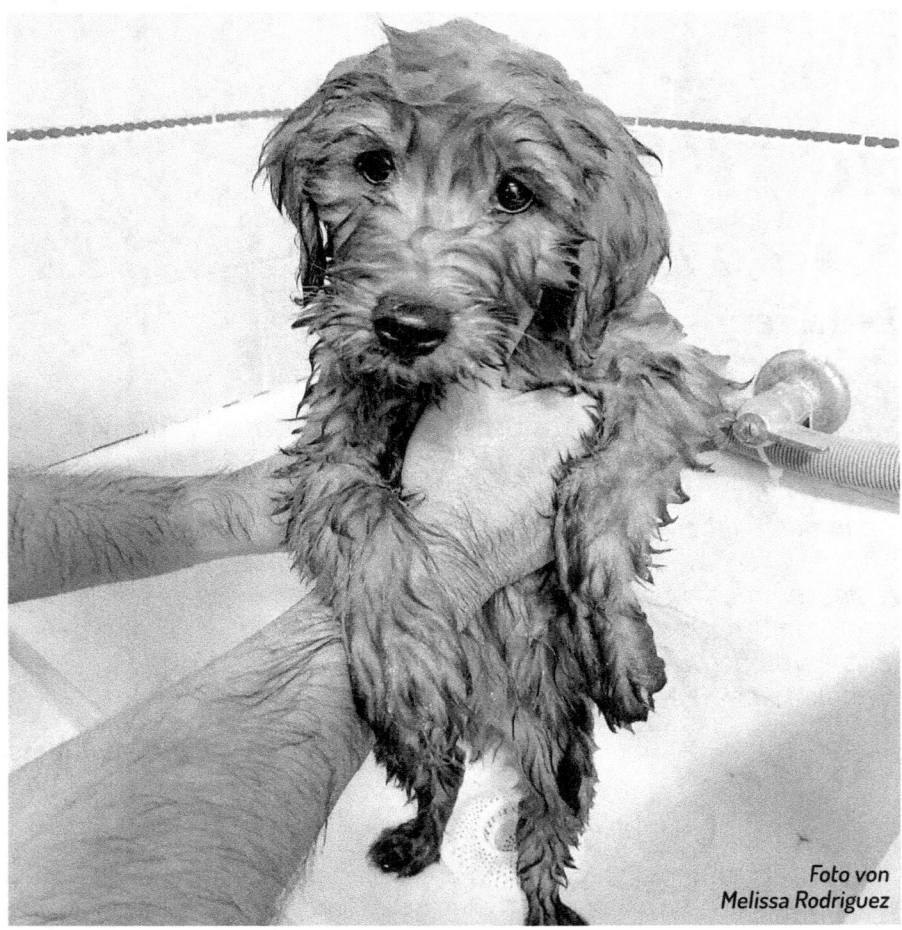

Foto von
Melissa Rodriguez

Vliesfell

Das Vliesfell hat eine weiche Textur. Es kann entweder leicht gewellt oder spiralförmig gelockt sein. Dies ist das Fell, das die meisten Labradoodle-Züchter anstreben und das die meisten Kunden bevorzugen, weil es leichter zu pflegen ist als die anderen Fellarten und am wahrscheinlichsten hypoallergen ist.

Wollfell

Das Wollfell ähnelt sehr dem Fell eines Pudels. Es ist dick und dicht und erfordert häufige Pflege.

Bürsten

„Viele Menschen glauben, dass ein Labradoodle ein pflegeleichtes Fell hat, aber das Gegenteil ist der Fall. Es erfordert viel Aufwand, um es frei von Verfilzungen zu halten. Mehrmaliges Bürsten pro Woche ist in der Regel notwendig und es ist wichtig, Problemzonen regelmäßig auf Verfilzungen zu überprüfen: hinter den Ohren, unter dem Schwanz, unter den Beinen, wo sie am Körper ansetzen, und unter dem Halsband."

Rochelle Woods
Spring Creek Labradoodles

Für die regelmäßige Pflege des Fells deines Labradoodles solltest du dir Zeit nehmen. Die meisten Labradoodle-Felle sind in der Pflege mittel bis sehr intensiv. Selbst wenn ein professioneller Hundefriseur deinen Labradoodle alle vier bis sechs Wochen baden, bürsten und scheren kann, wird das Fell trotzdem etwas Pflege zu Hause benötigen.

Das Fell von Labradoodles kann verfilzen wenn es nicht regelmäßig gebürstet wird. Wenn du einen Labradoodle hast, der sein Fell verliert, wird regelmäßiges Bürsten zumindest die losen Haare auffangen und deinen Teppich einigermaßen verschonen!

Es ist eine gute Idee, früh eine Bürstenroutine zu etablieren, da dein Labradoodle es dann eher tolerieren wird. Du solltest das Fell deines Hundes zwei- bis dreimal pro Woche durchkämmen und alle verknoteten Bereiche mit einer Zupfbürste bürsten. Die wichtigsten Bereiche, auf die du dich konzentrieren solltest, sind die Achselhöhlen, hinter den Ohren, die Brustregion und der Hals. Du solltest das Fell bis zur Haut teilen und von der Basis des Fells aus bürsten. So stellst du sicher, dass du keine Verfilzungen nahe der Haut übersiehst.

Baden

Das Baden deines Hundes hilft, sein Fell sauber zu halten, besonders wenn er wie seine Labrador-Vorfahren eine Vorliebe für schmutziges Wasser hat. Zu häufiges Baden kann jedoch auch seiner Haut und seinem Fell schaden, da es die natürlichen Öle entzieht.

Wenn dein Hund nach jedem Spaziergang schmutzig wird, kannst du ihn bedenkenlos mit warmem Wasser abspülen. Das wird dem Fell nicht schaden. Aber ab und zu benötigt das Fell vielleicht etwas mehr Aufmerksamkeit um wirklich sauber zu werden und um Gerüche zu entfernen, besonders wenn du einen Labradoodle mit Haarfell hast. In diesem Fall ist ein Hundeshampoo angebracht, aber achte darauf, dass du ein hochwertiges Hundeshampoo kaufst, das hautfreundlich ist. Diese enthalten oft Teebaumöl oder Hafer und haben nur minimale Mengen anderer Chemikalien.

Ein Shampoo-Bad sollte nicht öfter als einmal im Monat durchgeführt werden. Wenn du deinen Labradoodle regelmäßig zum Hundefriseur schickst, dann wird dieser deinen Hund vor dem Scheren für dich baden.

Ohrreinigung

Die Ohrreinigung ist wichtig, damit dein Labradoodle keine Ohreninfektionen entwickelt. In Kapitel 14 gehen wir näher darauf ein, wie anfällig Labradoodles dafür sind. Die Reinigung der Ohren mit einem neutralen Ohrenreiniger ein paar Mal im Monat hilft, Ohrenschmalz und Schmutz zu entfernen, die sich ansammeln können. Du kannst den Ohrenreiniger auch verwenden nachdem dein Labradoodle in schmutzigem Wasser war, da er dort leicht Bakterien aufnehmen kann.

Die Reinigung der Ohren ist ein einfacher Vorgang, obwohl er etwas unordentlich sein kann. Platziere zunächst die Düse des Reinigers im Gehörgang und gib einen Spritzer des Produkts hinein. Entferne dann die Flasche und lege schnell die Ohrklappe über den Ausgang des Gehörgangs, um zu verhindern, dass Reiniger herauskommt. Dann kannst du das Ohr sanft massieren, damit der Reiniger bis zum Ende des Gehörgangs gelangt. Nach zehn Sekunden Massage kannst du das Ohr loslassen und zurücktreten. Dein Labradoodle wird mit Sicherheit den Kopf schütteln, um die Flüssigkeit aus seinem Ohr zu entfernen, und damit werden auch alle Ablagerungen oder Ohrenschmalz, die sich im Kanal angesammelt haben, herauskommen. Du kannst diese dann mit etwas Watte abwischen.

Zahnpflege

Die Zahngesundheit ist eng mit der allgemeinen Gesundheit deines Hundes verbunden. Daher ist es wichtig, die Zähne deines Hundes in gutem Zustand zu halten. Die Zahnpflege ist etwas, was viele Besitzer unwissentlich vernachlässigen und infolgedessen haben viele ältere Hunde bis zu ihren Seniorenjahren so viel Zahnsteinaufbau entwickelt, dass ihr Maul unangenehm und geruchsbelästigend ist. Es ist ein Mythos, dass das Maul deines Hundes angenehm ist, wenn er gut frisst – problemloses Fressen ist kein zuverlässiger Indikator für die Zahngesundheit!

Zahnstein, auch bekannt als Plaque, ist eine Mischung aus Essensresten und Bakterien, die sich auf den Zähnen ansammeln können. Wenn sich Zahnstein in der Nähe des Zahnfleisches ansammelt, dann verursacht er Zahnfleischentzündungen, die zu wundem, blutendem Zahnfleisch führen. Dies kann zur Schwächung der Parodontalligamente führen, die die Zähne in der Zahnhöhle halten. Die Folge können wackelige Zähne sein, die sogar ausfallen.

Vorbeugung ist viel besser als Heilung und es gibt viel, was man tun kann, um Zahnsteinbildung zu verhindern. Erstens, wie bereits in Kapitel 11 besprochen, beeinflusst die Art des Futters, wie viel davon zwischen seinen Zähnen stecken bleibt. Trockenfutter sorgt für eine wenig Abreibung am Zahn und reinigt den Zahn bis zu einem gewissen Grad, während Nassfutter eher stecken bleibt und Zahnsteinbildung begünstigt. Du kannst deinem Hund auch in Maßen Zahnpflegesnacks geben, die nach dem gleichen Prinzip funktionieren. Die Abreibung hilft, Zahnstein zu entfernen. Du solltest jedoch Leckerbissen wie Knochen meiden, die splittern und Verstopfungen verursachen können. Hirschgeweihe sind eine ausgezeichnete Alternative zum Nagen.

Die beste Methode, um das Maul deines Hundes sauber zu halten, ist die Verwendung von Zahnpflegeprodukten. Menschliche Zahnpasta sollte niemals verwendet werden, da sie Inhaltsstoffe enthalten kann, die für deinen Labradoodle giftig sind. Hundezahnpasta hingegen ist verträglich und hat normalerweise einen fleischigen Geschmack, den dein Hund lieben wird. Sie enthält die bestimmten Enzyme, die dabei helfen, den Zahnstein aufzulösen. Tägliche Reinigung ist wichtig und du solltest deinen Hund be-

Foto von
Betsy Glennon

reits im Welpenalter daran gewöhnen, da er es sonst als stressig empfinden könnte. Es gibt auch Hundemundwasser, das du verwenden kannst. Du gibst es einfach täglich in das Wasser deines Hundes. Es ist wichtig, dass menschliches Mundwasser niemals verwendet wird, da es wie menschliche Zahnpasta giftig sein und zu Leberschäden führen kann. Das Wasser mit zugesetztem Mundwasser sollte täglich vollständig durch frisches Wasser ersetzt werden. Wie bei der Zahnpasta helfen die darin enthaltenen Enzyme den Zahnstein von den Zähnen zu lösen. Mundwasser ist jedoch weniger wirksam als das Zähneputzen mit einer Bürste und Hundezahnpasta. Sollte dein Labradoodle bereits erheblichen Zahnsteinaufbau haben, wird dadurch wahrscheinlich nur verhindert, dass es schlimmer wird, anstatt das Problem zu behandeln.

Wenn du einen älteren Hund hast oder wenn du einen Labradoodle gerettet hast, der einen großen Teil seines Lebens ohne Zahnpflege verbracht hat, kann es sein, dass er bereits zu viel Zahnstein angesetzt hat, um diesen in häuslicher Pflege noch zu bewältigen. In diesem Fall kann dein Hund in deiner örtlichen Tierarztpraxis eine Zahnbehandlung bekommen. Es erfordert eine kurze Narkose, sodass dein Hund morgens schon dort sein muss. Wenn dein Hund schläft, wird der Tierarzt alle seine Zähne reinigen, polieren und direkt alle Zähne und den gesamten Mundraum überprüfen. In schlimmen Fällen wird er feststellen, dass bereits Parodontalligament degeneriert ist und einzelne Zähne möglicherweise gezogen werden müssen. Das Wunderbare an Zahnbehandlungen ist, dass danach das Maul deines Hundes angenehm sauber und gesund, sein Atem frisch und seine Zähne so perlweiß wie die eines Welpen sein werden.

Krallenschneiden

Hunde haben vier Krallen an jeder Pfote, und an der Vorderpfote gibt es auch eine Wolfskralle an der Innenseite. Manche Hunde haben auch Wolfskrallen an der Innenseite ihrer Hinterbeine, aber das ist ungewöhnlich. All diese Krallen müssen routinemäßig geschnitten werden, da sie dazu neigen, in einer gebogenen Form zu wachsen. Dies kann dann zu Schäden an der Unterseite der Pfote führen und dein Hund kann sich mit solchen Krallen irgendwo einklemmen oder verhaken, was zu Zehenverstauchungen und Verrenkungen führt.

Das Schneiden der Krallen kann bei manchen Hunden große Angst auslösen, daher ist es eine gute Idee, deinem Hund in jungen Jahren beizubringen, stillzuhalten und nicht in Panik zu geraten. Beginne als Welpe damit, mit den Pfoten deines Hundes zu spielen und ihn reichlich zu loben wenn er nicht quengelt.

Du kannst Hundekrallenschneider in den meisten Zoohandlungen kaufen, und diese eignen sich viel besser als menschliche Nagelknipser. Wähle eine Größe, die für die Größe deines Labradoodles vorgesehen ist.

Die Kralle besteht aus Keratin, das keine Nerven oder Blutgefäße enthält, sodass es deinem Hund keine Schmerzen bereitet, wenn du die Kralle richtig schneidest. Durch die Mitte der Kralle verläuft jedoch ein fleischiger Abschnitt, der als Nagelbett bezeichnet wird. Wenn du versehentlich das Nagelbett schneidest, wird es bluten. Das ist nicht gefährlich, nur unangenehm für deinen Hund. Drücke einfach fünf Minuten lang fest mit einem Wattebausch darauf, um die Blutung zu stoppen.

Zu wissen, wo das Nagelbett endet, ist bei Hunden mit schwarzen Krallen meist ein Ratespiel. Wenn du jedoch das Glück hast einen Hund mit durchsichtigen Krallen zu haben, dann wirst du es leicht sehen. Bei Hunden mit schwarzen Krallen ist es besser, kleine Stücke abzuschneiden, anstatt einen großen Schnitt zu machen. Du kannst auch eine Nagelfeile verwenden, um die Krallen deines Hundes langsam abzuschleifen. Diese neigen weniger dazu, das Nagelbett zu verletzen, aber das kann einige Zeit dauern und erfordert etwas mehr Geduld von deinem Labradoodle. Du kannst einen batteriebetriebenen Drehnagelschleifer kaufen, um den Prozess zu beschleunigen. Wenn du nervös bist, die Krallen deines Hundes selbst zu schneiden, wird ein Hundefriseur oder eine Tierarzthelferin dir gerne helfen.

*Foto von
Donna Hinde*

Analdrüsen

Die Analdrüsen sind zwei Säckchen, die direkt im Anus sitzen. Sie haben keinen funktionellen Zweck. Normalerweise ist nichts in ihnen, weil sie beim Durchgang eines normalen, festen Stuhls zusammengedrückt werden und dabei automatisch geleert werden, sollte sich überhaupt Drüsenflüssigkeit darin angesammelt haben. Dies kann jedoch aus zwei Gründen schiefgehen: Wenn die Analdrüsen anatomisch an der falschen Stelle sind oder wenn der Stuhl nicht fest ist und Kotmaterial anfängt, sich an den Drüsen zu sammeln und diese durch fehlenden Druck auch nicht mehr entleert werden.

Wenn die Analdrüsen voll werden, dann werden sie ziemlich unangenehm. Die meisten Hunde versuchen sie zu entleeren indem sie ihren Hintern auf dem Boden reiben, was als „Schlittenfahren" bekannt ist. Manchmal übt dies genug Druck aus, damit das festsitzende Material herausgedrückt wird, aber nicht immer. Wenn dein Hund durch das Unbehagen sehr gereizt wird, kannst du beobachten, wie er seinen Analbereich leckt oder beißt. Ein weiterer Hinweis darauf, dass dein Labradoodle unter vollen Analdrüsen leidet, ist ein unverkennbar fischiger Geruch. Dieser ist durchdringend und du wirst ihn sicherlich nicht ignorieren oder unbemerkt lassen!

Es ist wichtig, deinen Hund zum Tierarzt zu bringen, um seine Analdrüsen ausdrücken zu lassen. Einige Hundefriseure können sie auch für dich entleeren. Es ist jedoch ratsam, zum Tierarzt zu gehen, denn wenn die Drüsen längere Zeit verstopft waren, können sie sich entzündet haben und dein Hund könnte Antibiotika benötigen. Sie voll zu lassen kann gefährlich sein, weil sie bei Entzündungen auch Abszesse bilden könnten. Diese können aufplatzen und sind verständlicherweise äußerst schmerzhaft.

Wenn dein Labradoodle wiederkehrende Analdrüsenverstopfungen oder -infektionen hat, kann dies manchmal durch eine Ernährungsumstellung, um festeren Stuhl zu erzeugen, gelöst werden. Wenn das nicht funktionieren sollte, dann gibt es auch die Möglichkeit einer Operation, bei der die Drüsen entfernt werden. Dies sollte keinesfalls die erste Behandlungsoption sein, da die Nerven, die dafür sorgen, dass der Anus geschlossen bleibt, sehr nahe an den Analdrüsen verlaufen. Sollten sie während der Operation beschädigt werden, kann dies zu Stuhlinkontinenz führen.

Es mag nun so erscheinen, dass du viel beachten musst, um deinen Labradoodle ordentlich zu halten, aber sobald es Teil deiner Routine wird, wirst du feststellen, dass es tatsächlich wenig Zeit in Anspruch nimmt und sehr befriedigend sein kann. Die Pflegegesundheit kann eng mit der allgemeinen Gesundheit zusammenhängen und dein Labradoodle wird dir dankbar sein, dass du ihn in gutem Zustand hältst.

KAPITEL 13
Präventive Gesundheitsfürsorge

Vermutlich wird die Gesundheit deines Labradoodles deine größte Sorge sein. Wie du in Kapitel 14 erfahren wirst, neigt der Labradoodle zu vielen Erbkrankheiten. Daher lohnt es sich, bei der Gesundheit deines Hundes proaktiv zu sein. In diesem Kapitel werden die routinemäßigen

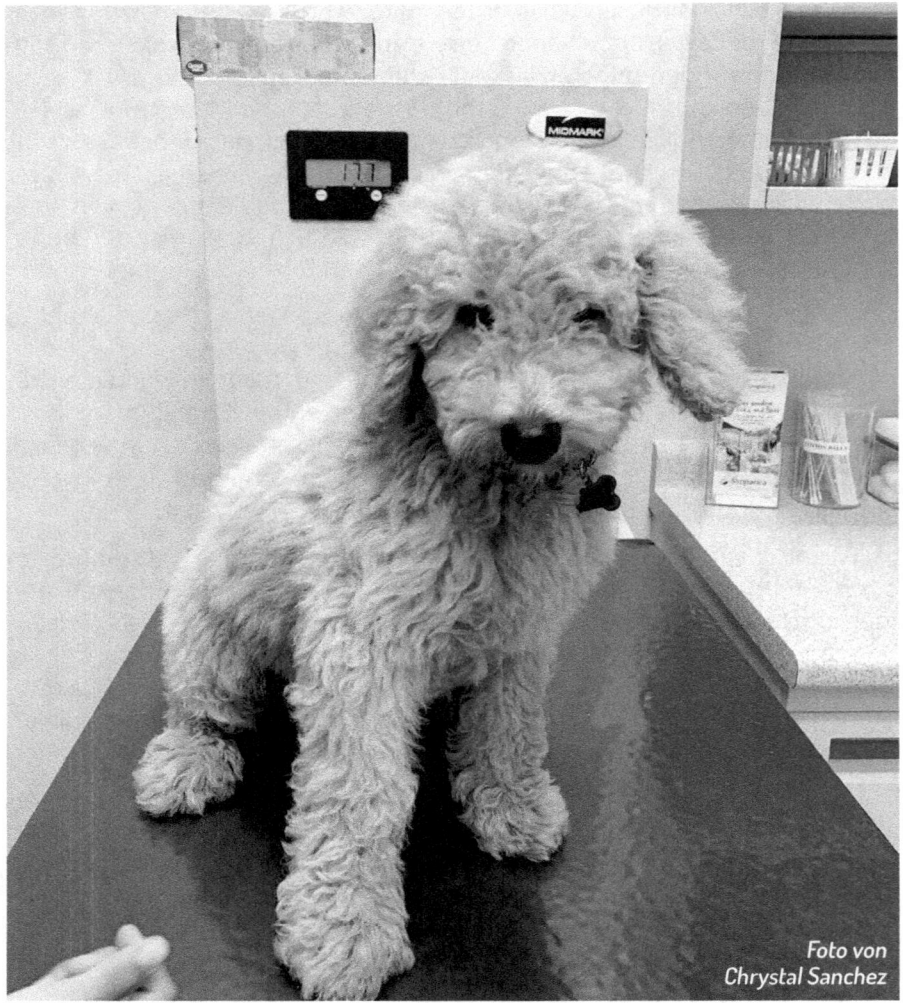

*Foto von
Chrystal Sanchez*

vorbeugenden Gesundheitsmaßnahmen besprochen, die bei der Hundehaltung empfohlen werden.

Einen Tierarzt auswählen

Du hast nun also deinen neuen Labradoodle nach Hause gebracht.
Der nächste Schritt ist, auch einen Tierarzt in deine Familie aufzunehmen.
Ein Tierarzt sollte sorgfältig ausgewählt werden, da viele Menschen den-
selben Tierarzt während des gesamten Hundelebens behalten. Das ist vorteilhaft, weil der Tierarzt dann die Krankengeschichte und den Charakter
deines Labradoodles kennt und du irgendwann weißt, dass du ihm deinen Hund anvertrauen kannst. Der letzte Punkt ist besonders wichtig, da
dein Labradoodle unweigerlich wie ein Kind seinen Weg in dein Herz finden
wird. Daher wirst du sicherlich jemanden haben wollen, der sich bestmög-
lich um ihn kümmert.

Bei der Wahl eines Tierarztes gibt es einige Punkte zu beachten. Die
meisten Tierhalter wählen den nächstgelegenen Tierarzt, damit sie im Notfall ihre Haustiere schnell dorthin bringen können. Aber es gibt auch andere
Faktoren zu berücksichtigen.

Notdienst

Viele Tierarztpraxen lagern Notfälle außerhalb der Sprechzeiten mittlerweile an spezialisierte Notdienste oder die nächstgelegene Tierklinik aus.
Es gibt jedoch immer noch einige kleinere, unabhängige Praxen, die diese
selbst abdecken.

Wenn eine Praxis die Notfallversorgung außerhalb der Sprechzeiten
selbst abdeckt, liegt der Vorteil darin, dass du deinen gewohnten Tierarzt
in einer vertrauten Umgebung triffst, was die Anspannung in einer stressigen Situation lindern kann. Außerdem wird dein Hund eine kontinuier-
liche Betreuung rund um die Uhr haben, wenn er stationär aufgenommen werden muss.

Sollte deine Tierarztpraxis andererseits die Notfallversorgung außerhalb der Sprechzeiten an einen spezialisierten Dienst auslagern, wirst du
den Arzt und die Belegschaft nicht kennen. Dafür wird aber dein flauschiger
Freund von einem Tierarzt betreut, der wahrscheinlich auf Notfall- und In-
tensivmedizin spezialisiert ist.

Foto von Melissa Rodriguez

Fachgebiete

Es lohnt sich, etwas Zeit in die Recherche der Qualifikationen des Personals zu investieren, da einige Ärzte oder Praxen in speziellen Bereichen qualifizierter sind als andere. Das ist vorteilhaft für dich, denn wenn dein Labradoodle jemals komplizierte Probleme haben sollte, kann er möglicherweise in deiner örtlichen Tierarztpraxis behandelt werden, anstatt an ein spezialisiertes Zentrum überwiesen werden zu müssen.

Extras

Viele Tierarztpraxen bieten zusätzliche Leistungen an. Bei vielen wirst du zum Zeitpunkt der Adoption glauben, dass du sie nicht brauchst, doch zu einem späteren Zeitpunkt bist du vielleicht froh, dass deine Praxis sie anbietet. Dazu gehören Dienste wie Welpenkurse, Gewichtsmanagement-Sprechstunden, Diabetiker-Sprechstunden, Zahnuntersuchungen und Gesundheitschecks für Senioren.

Mikrochip

Es ist ratsam, deinen Labradoodle mit einem Mikrochip zu versehen. In einigen Bundesländern und bei Reisen ins EU-Ausland ist es sogar gesetzlich vorgeschrieben. Das Chippen deines Hundes ermöglicht eine Identifizierung und Rückführung deines Hundes, solange du deine Daten bei der Mikrochip-Firma auf dem neuesten Stand hältst.

Ein Mikrochip ist ein kleiner Metallchip, etwa so groß wie ein Reiskorn, der unter die Haut eines Hundes zwischen den Schulterblättern eingesetzt wird. Ein Tierarzt kann ihn in Sekundenschnelle mit einer großen Nadel einsetzen. Dein Labradoodle wird wahrscheinlich kurzzeitig einen scharfen Stich spüren, aber der Schmerz verschwindet dann sehr schnell. Wenn ein Scanner über deinen Hund in der Region des Mikrochips geführt wird erscheint die Mikrochip-Nummer. Diese ist direkt mit deinen Informationen in der Datenbank der Mikrochip-Firma verknüpft.

Kastration und Sterilisation

Zu diesem Thema existieren unterschiedliche Meinungen. Es gibt jedoch einige große Vorteile, deinen Labradoodle kastrieren oder sterilisieren zu lassen, wenn du nicht vorhast, mit ihm zu züchten. Dazu kommen viele Labradoodles tatsächlich mit einem Vertrag, der besagt, dass sie kastriert werden müssen, um ungewollte Zucht zu vermeiden.

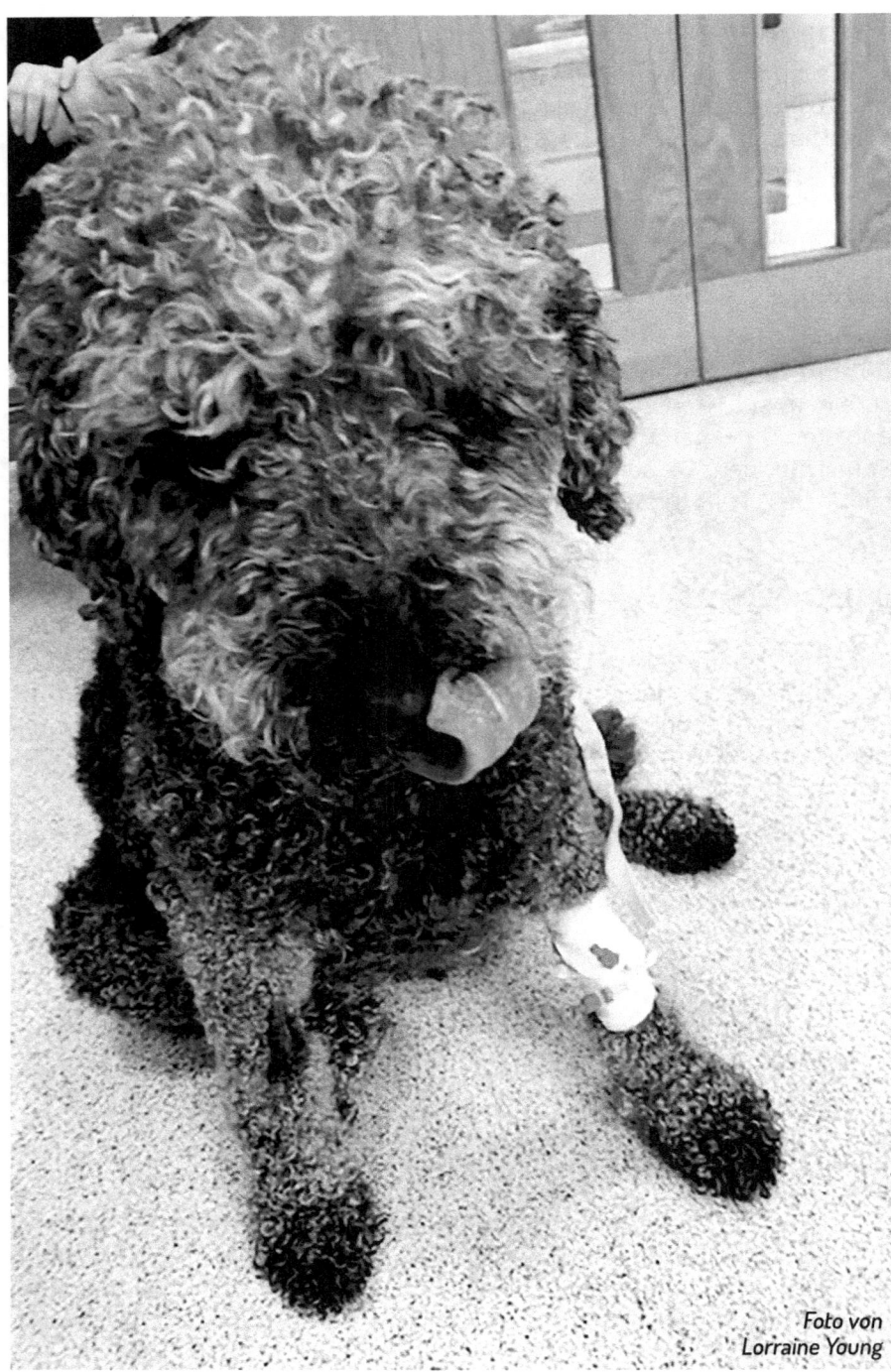

Foto von Lorraine Young

Wenn du eine Hündin sterilisierst, nennt man das eine Kastration oder Ovariohysterektomie. Während der Operation entfernt der Tierarzt die Eierstöcke und normalerweise auch die Gebärmutter, obwohl einige Tierärzte nur die Eierstöcke entfernen. Unabhängig von der verwendeten Technik sind die Vorteile dieselben. Bei den meisten mittelgroßen Hunden ist der Schnitt einige Zentimeter lang und befindet sich in der Mitte des Bauches. Einige Tierarztpraxen bieten auch laparoskopische Kastrationen an, die mit einer Kamera und sehr kleinen Schnitten durchgeführt werden. Der Vorteil dabei ist, dass die Erholungszeit viel kürzer ist, allerdings erfordert es aufgrund der Komplexität der Operation eine längere Narkose.

Die Hauptvorteile der Kastration deiner Hündin sind, dass du das Risiko einer potenziell lebensbedrohlichen Gebärmutterinfektion, genannt Pyometra, ausschließt und die Wahrscheinlichkeit von Mammatumoren deutlich reduzierst. Der Nachteil ist, dass durch die Kastration der Muskelring, der die Blase geschlossen hält (der Harnröhrenschließmuskel) sich lockern kann, was später möglicherweise zu Inkontinenz führt. Das liegt daran, dass das Hormon Östrogen dazu beiträgt, diesen Ring zu straffen. Du kannst die Wahrscheinlichkeit dafür verringern, indem du die Kastration drei Monate nach der ersten Läufigkeit durchführen lässt. Wenn du dem Körper deines Hundes erlaubst, die Fortpflanzungshormone zu erleben, erhöhst du leicht das Risiko von Mammatumoren.

Die Kastration eines Rüden ist ein weniger invasiver Eingriff als die Kastration einer Hündin. Während der Operation werden beide Hoden durch einen Schnitt entfernt. Wie bei der Kastration der Hündin gibt es einige große Vorteile bei der Kastration deines Rüden. Sie beseitigt die Möglichkeit von Hodenkrebs und reduziert deutlich die Wahrscheinlichkeit einer Prostatavergrößerung und Prostatakrebs. Wenn sie früh durchgeführt wird, verringert sie auch Verhaltensprobleme wie Aggression.

Impfungen

Dein erster Besuch beim Tierarzt wird wahrscheinlich sein, wenn dein Welpe seine erste Impfung bekommt. Das kann in manchen Fällen schon im Alter von sechs Wochen sein. Einige Züchter bringen deinen Labradoodle-Welpen schon zur ersten Impfung, während er noch bei ihnen ist, sodass er nur vier Wochen später eine Auffrischungsimpfung benötigt.

Impfungen beginnen normalerweise mit einer Reihe von zwei oder drei Injektionen, gefolgt von jährlichen Auffrischungen. Sie schützen vor einigen schwerwiegenden Hundekrankheiten. Wenn du beim Impfen zögerlich bist,

ist das Wichtigste, deinen Welpen zumindest zur ersten Reihe von zwei oder drei Injektionen zu bringen und dann jährlich seinen Immunitätslevel mit einem Blut-Titer zu testen. Auf diese Weise kannst du eine Auffrischungsimpfung geben, wenn die Immunitätswerte sinken. Wenn du jedoch im Urlaub eine Hundepension nutzen möchtest oder deinen Hund versichern lassen willst, benötigst du normalerweise einen aktuellen Impfpass.

Folgende Krankheiten werden üblicherweise durch Impfungen abgedeckt:

Staupe = Dieses potenziell tödliche Virus kann unspezifische Symptome wie Niesen, Erbrechen und Husten verursachen. Es kann auch zur Verhärtung und Verdickung der Ballen an den Pfoten und der Nase führen. Der Virus führt schnell zum Tod.

Parvovirus = Dieses Virus betrifft typischerweise junge Welpen. Es verursacht blutigen Durchfall, der extrem ansteckend ist. Dies führt allmählich zur Schwächung der Welpen aufgrund von Dehydration und Blutverlust.

Leptospirose = Leptospirose verursacht Nieren- und Leberversagen. Dadurch ist das häufigste Symptom die Gelbfärbung des Zahnfleisches und der Augen, bekannt als Gelbsucht. Einige Hunde zeigen auch neurologische Symptome.

Hepatitis = Dies ist ein Virus, auch bekannt als canines Adenovirus. Häufige Symptome sind Müdigkeit, Fieber, Erbrechen, Durchfall und Gelbsucht. Hepatitis kann schnell zum Tod führen.

Foto von Joe Abkemeier

Parainfluenza = Parainfluenza ist ein Virus, das zu einem schwächenden Husten führen kann.

Zwingerhusten = Zwingerhusten ist hochansteckend und verursacht einen bellenden Husten und Fieber. Dieser Impfstoff wird in die Nase gesprüht und nicht injiziert.

Tollwut = Tollwut ist eine gefährliche Krankheit, die Aggression, übermäßigen Speichelfluss und neurologische Symptome verursacht, die zum Tod führen. Wenn ein tollwütiger Hund einen Menschen beißt, kann dieser ebenfalls die tödliche Krankheit bekommen.

Parasitenkontrolle

Es gibt viele Krabbeltiere, die im Fell deines Hundes leben können, wobei Flöhe am häufigsten vorkommen. Flöhe leben sowohl in der Umgebung als auch auf dem Hund und ernähren sich vom Blut deines Hundes. Nur weil du keine Flöhe sehen kannst, heißt das nicht, dass dein Hund keinen ausgesetzt ist. Daher hilft die routinemäßige Anwendung von Antiparasitenmitteln, um Flohbisse zu vermeiden.

Viele Flohbehandlungen wirken auch gegen andere äußere Parasiten wie Läuse, Milben und Zecken. Du solltest aber nicht davon ausgehen, dass jede Flohbehandlung all diese abdeckt. Es ist außerdem wichtig, deine geografischen Risiken in Bezug auf Parasiten zu berücksichtigen. In einigen Gebieten, in denen es zum Beispiel hohes Gras oder viel Wild gibt, sind Zecken sehr häufig. Hunde in städtischen Gebieten sind davon weniger gefährdet.

So wie du routinemäßig gegen äußere Parasiten behandeln solltest, solltest du auch routinemäßig gegen innere Parasiten behandeln. Zu diesen Parasiten gehören Spulwürmer und Bandwürmer.

Einige Flohbehandlungen enthalten auch Entwurmungsmittel, sodass eine Anwendung alle Arten von Parasiten abdeckt, aber du solltest den Empfehlungen deines Tierarztes folgen, welche Behandlungen du bei deinem Hund anwenden sollst.

Umfassende Entwurmungsbehandlungen gegen Spul- und Bandwürmer werden normalerweise alle drei Monate empfohlen, wenn dein Hund zum Stöbern neigt. Wenn er das nicht tut, dann reicht eine Behandlung alle sechs Monate. Sollte dein Labradoodle den Appetit eines Labradors geerbt haben, musst du ihn sicherlich alle drei Monate entwurmen! Er wird dem Drang nicht widerstehen können, seine Nase auf den Boden zu drücken, Fährte zu folgen und alles Eklige und Verfaulte zu verschlingen, was er findet. Wenn du in einem Gebiet lebst, in dem Lungenwürmer verbreitet sind, ist es am besten, deinen Hund jeden Monat mit einem Spulwurmmittel zu entwurmen und dann alle drei Monate mit einem Bandwurmmittel.

Tierkrankenversicherung

Eine Tierkrankenversicherung hilft dir enorm, um mit unerwarteten Tierarztkosten umzugehen. Probleme sowie damit verbundene hohe Tierarztrechnungen können jederzeit auftreten und eine Versicherung reduziert deine finanziellen Sorgen immens. Tierarztrechnungen können schnell in die Tausende von Euro gehen.

Beachte, dass viele Versicherungsgesellschaften keine präventiven Gesundheitsmaßnahmen abdecken. Zu den Posten, die unter diese Kategorie fallen können, gehören Impfungen, Produkte gegen äußere Parasiten, Entwurmungsmittel, Pflegeprodukte, Nahrungsergänzungsmittel und verschreibungspflichtiges Futter. Die gute Nachricht ist, dass viele Praxen einen „Haustierplan" haben, um solche Posten abzudecken. Das beinhaltet eine monatliche Gebühr, aber darin enthalten sind kostenlose Impfungen und Parasitenkontrolle sowie in der Regel Rabatte auf andere Produkte.

Es gibt unterschiedliche Optionen, wenn es um Policen geht. Einige Versicherungen bieten einen bestimmten Betrag, der jedes Jahr ausgegeben werden kann. Andere bieten Erstattungen pro genehmigter medizinischer Behandlung. Wähle deine Versicherung sorgfältig und lese das Kleingedruckte bezüglich Selbstbeteiligung, Bedingungen und Leistungen. Beachte, dass keine Tierkrankenversicherung bereits bestehende Erkrankungen abdeckt. Daher ist es am besten, eine Versicherung so früh wie möglich nach dem Erhalt deines Hundes abzuschließen.

KAPITEL 14
Gesundheit

„Ich beschäftige mich seit 2001 mit Labradoodles. Die Liste möglicher genetischer Probleme ist genauso umfangreich wie bei den Elternrassen Pudel und Retriever. Hüftdysplasie, Augenprobleme wie Katarakte und Progressive Retina-Atrophie, Anfälle, Herzprobleme, Schilddrüsenerkrankungen und so weiter. Ein guter Züchter testet auf die häufigsten Probleme in der Linie und tut sein Bestes, um sie zu vermeiden. Es gibt jedoch so viele polygene und rezessive Gene, dass es unmöglich ist, jedes potenzielle Gesundheitsproblem vollständig auszuschließen. Familien, die einen Labradoodle kaufen möchten, müssen verstehen, dass trotz aller Züchtertests verschiedene Gesundheitsprobleme auftreten können. Ich empfehle dringend, eine Krankenversicherung für den Welpen abzuschließen, damit größere gesundheitliche Probleme ohne finanzielle Belastung behandelt werden können."

Rochelle Woods
Spring Creek Labradoodles

Foto von
Courtney Nadeau

Labradoodles können für viele Krankheiten anfällig sein, die hauptsächlich von ihrer Labrador-Genetik stammen. Obwohl nicht alle Labradoodles diese Krankheiten entwickeln werden, ist es wichtig, darüber Bescheid zu wissen. Früherkennung führt zu frühzeitiger Behandlung und zum besten Ergebnis für alle. In diesem Kapitel betrachten wir eine umfassende, wenn auch nicht vollständige Liste von Krankheiten, über die du informiert sein solltest.

Progressive Retina–Atrophie

„Hüftdysplasie und Netzhauterkrankungen können problematisch sein. Es ist entscheidend, einen qualitativ hochwertigen Züchter zu finden, der die gesamte Zuchtlinie Gesundheitstests unterzieht, um einen Welpen mit den besten gesundheitlichen Voraussetzungen zu bekommen. Durch ordnungsgemäße Gesundheitstests können Züchter zwar nicht alles verhindern, aber sie geben deinem neuen Welpen die bestmögliche Chance auf ein langes und gesundes Leben mit dir."

Robby Gilliam
Mountain View Labradoodles

Die Netzhaut ist eine Struktur am hinteren Teil des Auges, die für das Sehen unerlässlich ist. Sie besteht aus Millionen von Zellen, den sogenannten Stäbchen und Zapfen. Diese erkennen schwaches sowie helles Licht und wandeln dieses in Signale für das Gehirn um. Im Gehirn entsteht daraus ein Bild.

Bei der Progressiven Retina-Atrophie (PRA) beginnen die Zellen der Netzhaut schon früh im Leben abzusterben. Das bedeutet, dass die Sehkraft allmählich verloren geht. Es ist ein langsamer Prozess, bei dem sich zuerst die Stäbchen verschlechtern. Dies führt zunächst zu Nachtblindheit, bevor auch die Zapfen degenerieren und der Hund vollständig erblindet.

PRA kann nicht rückgängig gemacht werden. Daher ist der Kauf eines Welpen von einem Züchter, der die Eltern auf PRA getestet hat, die beste Chance auf einen PRA-freien Labradoodle. Wenn dein Labradoodle leider begonnen hat, PRA zu entwickeln, ist es wichtig, ihm Kommandos beizubringen, die ihm bei der Orientierung helfen. Diese werden in Kapitel 15 ausführlicher beschrieben.

Patellaluxation

Die Patella, auch Kniescheibe genannt, sitzt in einer Rinne im Kniege-lenk. Normalerweise bewegt sie sich reibungslos in dieser Rinne auf und ab beim Strecken und Beugen des Beines. Wenn jedoch eine Seite der Rinne nicht hoch genug ist, kann die Kniescheibe aus ihrer Position rutschen. Dies wird als Luxation bezeichnet. Die meisten Patellaluxationen treten zur Innenseite des Beins auf und rutschen leicht wieder zurück. Sie verursa-chen in der Regel keine Schmerzen, solange die Patella nicht außerhalb der Rinne stecken bleibt. Allerdings kann dies im Laufe der Jahre zu Arthritis im Gelenk führen.

Eine Patellaluxation kann durch eine Operation behandelt werden, bei der entweder die Rinne vertieft oder die Seiten erhöht werden. Der Eingriff ist nicht ohne Risiko, da postoperative Infektionen katastrophal sein können, aber im Allgemeinen sind die Ergebnisse ausgezeichnet.

Hüft- und Ellbogendysplasie

„Hüftdysplasie ist meiner Meinung nach die häufigste genetische Störung bei Labradoodles. Dies kann eingedämmt werden, indem man sicherstellt, dass beide Elternteile OFA-Hüftzertifizierungen haben. Ein guter Züchter sollte diese bereitwillig zur Verfügung stellen."

Jenny Williams
Happy Go Lucky Labradoodles

Die Gelenkdysplasie der Hüfte oder des Ellbogens ist eine häufige Erkrankung bei großen Hunderassen und Labradore gehören zu den anfälligsten für diese Erkrankung. Die Hüfte ist ein Kugelgelenk, bei dem der Oberschenkelkopf (Kugel) in eine Pfanne im Becken passt. Normalerweise sollten diese wie Puzzleteile perfekt zusammenpassen, aber wenn ein Hund an Hüftdysplasie leidet, ist entweder die Kugel oder die Pfanne fehlgebildet. Passen die Formen nicht gut zusammen, dann ist das Gelenk bei Bewegung weniger stabil. In schweren Fällen von Hüftdysplasie kann die Kugel bei Bewegung aus der Hüftpfanne luxieren, erkennbar an einem wakkeligen, schwankenden Gang wenn man sich den Hund von hinten schaut.

Ellbogendysplasie (ED) hingegen hat unterschiedliche Ursachen und Ausprägungen. Der Ellbogen ist kein so einfaches Gelenk wie die Hüfte, weswegen es bei der Ellbogendysplasie mehrere Entwicklungsanomalien gibt. Das häufigste Problem bei ED ist die Osteochondrosis dissecans (OCD oder OD). Dabei löst sich eine Knorpelschicht von der Oberfläche ab. Zusätzlich können sich mehrere Knochenfortsätze ablösen. Diese werden als isolierter Processus anconaeus (IAP) und fragmentierter medialer Kronfortsatz (FMCP, FCP der FPC) bezeichnet. Dies führt letztendlich zu Lahmheit oder einem ungewöhnlichen Gang.

Gelenkdysplasie wird in der Regel anhand von Röntgenaufnahmen oder Arthroskopie (Gelenkspiegelung) diagnostiziert. Die meisten Tierärzte können jedoch bereits bei einer einfachen klinischen Untersuchung feststellen, ob ein Hund wahrscheinlich an Hüft- oder Ellbogendysplasie leidet.

Foto von
Amy Miller

Gelenkdysplasie ist eine vererbte Erkrankung und wird daher meist schon in jungen Jahren diagnostiziert. Röntgenaufnahmen können eine Dysplasie bestätigen, sobald ein Hund ausgewachsen ist. Eine zeitige Diagnose und Behandlung sind wichtig, da sich ansonsten schnell Arthritis entwickeln kann. Dies kann durch Änderungen des Lebensstils gemildert werden, wie beispielsweise kontrollierte Spaziergänge mit minimalem Springen und physiotherapeutische Maßnahmen wie Hydrotherapie zum Muskelaufbau. Nahrungsergänzungsmittel helfen auch bei der Erhaltung der Gelenkgesundheit. Das Gewicht eines Hundes spielt ebenfalls eine große Rolle, da ein leichterer Hund weniger Gewicht auf die Gelenke ausübt und diese daher weniger belastet werden. Unvermeidlich werden alle Hunde mit Gelenkdysplasie irgendwann Arthritis bekommen. Das Ziel ist es, dies so lange wie möglich hinauszuzögern.

Bei schweren Fällen von Ellbogen- und Hüftdysplasie ist eine Operation eine Option. Bei Ellbogendysplasie beinhaltet die Operation normalerweise die Entfernung von Knochen- oder Knorpelfragmenten. Manchmal kann ein IAP mit Schrauben wieder befestigt werden, wenn die Operation in sehr jungem Alter durchgeführt wird. Bei Hüftdysplasie kann das Hüftgelenk modifiziert werden, indem der Oberschenkelkopf entfernt, umgeformt und ersetzt oder vollständig herausgenommen wird. Sowohl bei Hüft- als auch bei Ellbogendysplasie ist der komplette Gelenkersatz die beste chirurgische Behandlung, aber Implantate sind teuer.

Vorbeugung ist immer besser als Heilung. Daher ist der Kauf eines Welpen von einem Züchter, der die Gelenke der Eltern röntgen und bewerten lassen hat, deine beste Chance auf einen gesunden Hund.

Von-Willebrand-Krankheit

Die Von-Willebrand-Krankheit ist eine Störung des Blutes. Im Blut befindet sich eine Substanz namens Von-Willebrand-Faktor, die beim Gerinnungsprozess hilft. Wenn ein Hund an der Von-Willebrand-Krankheit leidet, ist das Hauptsymptom eine verlängerte Blutung. Dies kann sich als blutendes Zahnfleisch, übermäßige Blutung während der Läufigkeit, Nasenbluten und ständiges Sickern von Blut während chirurgischer Eingriffe zeigen.

Von-Willebrand ist eine Krankheit junger Hunde und wird bei den meisten vor dem Alter von fünf Jahren deutlich. Sie wird mit einem Bluttest diagnostiziert. Allerdings werden die Gerinnungszeiten normalerweise zuerst mit einem Schleimhautblutungstest bewertet, der einen kleinen Stich auf der Innenseite der Lippe erfordert. Danach wird die Zeit gemessen, bis die Blutung aufhört, was je nach Dauer ein Hinweis auf die Krankheit sein kann.

Leider gibt es keine Heilung, aber der Von-Willebrand-Faktor kann transfundiert werden. Wenn also ein chirurgischer Eingriff durchgeführt werden muss, kann eine vorbeugende Transfusion eine starke Blutung verhindern.

Die meisten Hunde mit Von-Willebrand-Krankheit können ein normales Leben führen, aber es muss besonders darauf geachtet werden, Druck auf Schnittwunden auszuüben und Blutungen, beispielsweise beim Nagelschneiden, grundsätzlich zu vermeiden.

Blähungen

Blähungen sind ein gefährlicher Zustand, bei dem sich der Magen mit Gas füllt und der bei allen tiefbrüstigen Hunden auftreten kann. Der Labradoodle bekommt diese Erkrankung von seiner Pudel-Genetik. Blähungen werden auch als Magendilatation bezeichnet. Häufig folgt darauf eine Drehung des Magens, auch bekannt als Torsio ventriculi. Eine Magendrehung ist ein chirurgischer Notfall, da nicht nur Gas und Nahrung nicht mehr aus dem Magen austreten können, sondern auch die Blutversorgung des Magens unterbrochen wird und die Magenwand absterben kann. Es ist auch äußerst unangenehm und kann zu Herzrhythmusstörungen sowie Schäden an der Milz führen.

Ein Tierarzt kann Blähungen oder eine Magendrehung in der Regel leicht mit einem Röntgenbild diagnostizieren, obwohl er auch aufgrund der Form des oberen Teils des Bauches deines Labradoodles einen starken Verdacht äußern kann. Wenn es nicht durch Einführen einer Magensonde zur Entlastung des Gases korrigiert werden kann, gibt es keine andere Option, als sofort zu operieren.

Es gibt einige Ansätze zur Vorbeugung von Blähungen, obwohl viele davon nicht durch wissenschaftliche Forschung untermauert sind. Die gängigste Meinung ist, deinen Hund mehrmals täglich zu füttern. Es wird vermutet, dass eine große Mahlzeit pro Tag das Risiko von Blähungen und Magendrehung erhöht. Außerdem ist es ratsam, deinen Hund nicht unmittelbar nach dem Fressen zu bewegen, damit er nicht mit vollem Magen herumläuft. Einige Leute glauben auch, dass ein Hund, der zu schnell frisst oder trinkt, eher Blähungen bekommt. Du kannst das Fressen durch einen Anti-Schlingnapf verlangsamen. Das sind Näpfe mit Erhebungen, zwischen denen du das Futter verteilen kannst, was es für deinen Hund schwieriger macht, es zu bekommen. Schließlich führen Tierärzte bei einigen Hunden mit besonders tiefer Brust eine vorbeugende Operation durch, um den Magen an der Bauchwand zu befestigen, bekannt als Gastropexie. Dies wird normalerweise nicht als eigenständige Operation durchgeführt, sondern in Verbindung mit einer anderen Operation, wie beispielsweise einer Kastration. Dies ist ein einfacher Eingriff und verhindert, dass sich der Magen dreht, wenn er sich aufbläht.

Morbus Addison

Morbus Addison, auch bekannt als Hypoadrenokortizismus, ist eine Erkrankung, bei der es sich um eine Unterfunktion der Nebenniere handelt. Die Nebennieren produzieren dadurch die lebenswichtigen Hormone Cortisol und Aldosteron nicht mehr in ausreichenden Mengen. Cortisol hilft dem Körper, stressige Situationen zu bewältigen. Aldosteron spielt eine wichtige Rolle im Wasser- und Elektrolythaushalt.

Addison kann unspezifische Symptome verursachen wie Lethargie, allgemeine Schwäche, Erbrechen, Durchfall, erhöhten Durst, Zittern und einen langsamen Herzschlag. Eine Diagnose ist schwierig, da es viele Krankheiten mit diesen Symptomen gibt. Unbehandelt kann es dazu führen, dass dein Hund zusammenbricht und notfallmedizinisch versorgt werden muss.

Addison wird in der Regel durch eine körperliche Untersuchung und Bluttests wie einen ACTH-Stimulationstest diagnostiziert. Dieser testet die Reaktion der Nebenniere auf das Hormon ACTH. Bei den meisten Addison-Fällen reagiert die bereits zerstörte Nebenniere nicht auf das ACTH und der Cortisolspiegel bleibt niedrig. In seltenen Fällen kann Morbus Addison jedoch durch einen Tumor in der Hypophyse verursacht werden, die ACTH produziert. In diesem Fall werden die Nebennieren auf den Bluttest reagieren.

Morbus Addison kann zwar nicht geheilt werden, jedoch durch die tägliche Gabe von Cortisol und Aldosteron gut behandelt werden.

Morbus Cushing

Morbus Cushing ist das genaue Gegenteil von Morbus Addison und wird als Hyperadrenokortizismus bezeichnet. Dies tritt auf, wenn die Nebennieren überaktiv sind. Es gibt zwei Hauptursachen für Morbus Cushing und beide hängen mit einer Tumorbildung zusammen. Der häufigste Tumor (85 Prozent aller Fälle) betrifft die Hypophyse im Gehirn. Dies führt dazu, dass die Hypophyse zu viel ACTH produziert, was den Nebennieren signalisiert, mehr Cortisol zu produzieren. Diese Tumore sind in der Regel

*Foto von
Jennifer Lehman*

klein und gutartig. Außerdem wachsen sie nicht so stark, dass es zu neurologischen Symptomen kommt. Die andere Art von Tumor betrifft die Nebenniere selbst. Diese können gutartig oder bösartig sein und sollten chirurgisch entfernt werden, um die Krankheit zu heilen.

Ein Hund mit Morbus Cushing hat unspezifische klinische Symptome und kann wie Addison schwer zu diagnostizieren sein. Häufige Symptome sind gesteigerter Hunger, erhöhter Durst, vermehrtes Urinieren, Lethargie, schlechte Hautgesundheit und schlechtes Fell. In einigen Fällen kann der Hund einen aufgeblähten Bauch entwickeln, weil Fett in den inneren Organen, besonders in der Leber, abgelagert wird, wodurch die Bauchdecke gedehnt wird.

Morbus Cushing wird durch eine Reihe von Bluttests sowie eine klinische Untersuchung diagnostiziert. Ein ACTH-Stimulationstest und ein Low-Dose-Dexamethason-Suppressionstest (LDDS) sind die beiden am häufigsten verwendeten Methoden. Ein Urintest zur Messung des Cortisol-Kreatinin-Verhältnisses kann ebenfalls erforderlich sein.

Wie bereits erwähnt kann eine Operation heilend wirken, wenn die Erkrankung durch einen Nebennierentumor verursacht wird. In den meisten Fällen ist jedoch eine lebenslange Medikation erforderlich. Viele Hunde kommen jedoch mit dieser Medikation sehr gut zurecht und führen ein relativ normales Leben.

Epilepsie

Epilepsie verursacht Anfälle, aber nicht alle Anfälle werden durch Epilepsie verursacht. Das ist etwas, was viele Menschen verwirrt. Epilepsie ist eine vererbte Erkrankung, die Anfälle verursacht, obwohl mit dem Gehirn strukturell nichts falsch ist. Ein Anfall tritt auf, wenn die Neuronen im Gehirn übererregbar werden und alle gleichzeitig Impulse senden.

Ein epileptischer Anfall beginnt damit, dass sich dein Labradoodle etwas seltsam verhält. Er könnte deine Nähe suchen oder anhänglicher sein als sonst. Dies wird als präiktale Phase bezeichnet und kann nur wenige Minuten vor dem Anfall beginnen oder sogar bis zu einer Stunde vorher. Der eigentliche Anfall verläuft bei jedem Hund anders, aber häufige Symptome sind leichtes Zittern bis hin zu Krämpfen, Speichelfluss, Urinieren und/oder Kotabsatz und steife Gliedmaßen. Es ist wichtig, deinen Hund zu diesem Zeitpunkt nicht zu berühren, da du versehentlich gebissen werden könntest. Sorge stattdessen für seine Sicherheit und entferne alles in seiner Umgebung, was Schaden anrichten könnte. Checke die Uhrzeit, da ein Anfall, der länger als fünf Minuten dauert, sehr gefährlich für die Sauerstoffversorgung des Gehirns sein kann. Die meisten Anfälle dauern nicht viel länger als eine Minute. Sollte der Anfall sich verlängern, dann fahr schnell schnell zum Tierarzt. Nach dem Anfall gibt es eine postiktale Phase, in der dein Hund möglicherweise wieder seltsames Verhalten zeigt. Diese dauert normalerweise von einigen Stunden bis zu ein oder zwei Tagen.

Es gibt Medikamente, die dein Tierarzt verschreiben kann, um die Häufigkeit von Anfällen zu verringern. Regelmäßige Bluttests sind erforderlich, um die Grundgesundheit deines Hundes zu überwachen, da die Medikamente die Leber schädigen können. Die meisten werden jedoch gut vertragen. In einigen Fällen kann dein Tierarzt auch rektales Diazepam verschreiben, was du verwenden kannst, um einen Anfall frühzeitig zu stoppen.

Erbliche Katarakte

Ein Katarakt liegt vor, wenn die Linse im Auge beginnt, undurchsichtig zu werden. Der Katarakt verhindert, dass Licht auf die Rückseite des Auges trifft, was zur Erblindung führt. Während die meisten Hunde anfällig für die Entwicklung von Katarakten im hohen Alter sind, können erbliche Katarakte bereits in den ersten Lebensmonaten auftreten und bis zum zweiten oder dritten Lebensjahr zu vollständigem Sehverlust führen.

Glücklicherweise führt ein rezessives Gen zu erblich bedingten Katarakten, weswegen beide Elternteile das Gen haben müssen, damit es zu einer Vererbung kommt. Träger des Gens, die ein gesundes Gen und ein Katarakt-Gen haben, werden keine Katarakte entwickeln, aber sie sollten trotzdem nicht zur Zucht verwendet werden. Vor der Zucht kann ein Gentest durchgeführt werden, um festzustellen, ob eines der Elternteile das Gen trägt.

Katarakte sind nicht schmerzhaft und daher entscheiden sich viele Besitzer einfach dafür, sie zu belassen und mit einem blinden Hund zu leben. Viele Hunde kommen außerordentlich gut mit Blindheit zurecht. Zumindest solange du keine Möbel im Haus umstellst und sie bei Spaziergängen an der Leine führst.

Für Besitzer, die die Katarakte ihres Labradoodles behandeln möchten, ist ein kompletter Linsenersatz eine chirurgische Option. Es ist eine komplizierte und knifflige Operation und wird daher nur von Tieraugenärzten durchgeführt.

Atopische Dermatitis

Hautallergien können durch Nahrung, die Umwelt oder Bisse verursacht werden. Wenn dein Hund einen Schub hat, wird er an verschiedene Teile seines Körpers kratzen und lecken, wie seine Pfoten, Achseln, den Bauch und die Innenseite seiner Hinterbeine, weil diese von Juckreiz betroffen sind. Er kann auch einen Schub seiner Gehörgänge haben und übermäßig häufig mit dem Kopf schütteln, um das Jucken in seinen Ohren zu lindern.

Wenn du deinen Hund regelmäßig gegen äußere Parasiten behandelst, ist die Allergie wahrscheinlich nicht darauf zurückzuführen. Dennoch sollte Parasitenbefall durch eine tierärztliche Untersuchung ausgeschlossen werden. Bei einer Flohallergie reicht ein einziger Biss aus, um einen sich kratzenden Hund zu bekommen.

Nahrungsmittelallergien sollten mit einer Eliminationsdiät ausgeschlossen werden. Ein entsprechendes Futter und Anweisung bekommst du bei deinem Tierarzt. Zunächst wird ein spezielles Futter gegeben, bei dem die Proteinmoleküle hydrolysiert sind, was bedeutet, dass der Körper sie nicht erkennen und darauf reagieren kann. Diese Diät sollte sechs Wochen lang gefüttert werden, ohne Leckerlis oder Tischabfälle. Wenn sich der Zustand deines Hundes deutlich verbessert hat, sollten nach und nach verschiedene Fleischsorten wieder eingeführt werden, um zu sehen, was den Allergieschub verursacht.

Wenn sowohl Parasiten als auch Nahrungsmittelallergien ausgeschlossen wurden, bleibt als Ursache die Umwelt. Dies könnte auf den Kontakt mit einem Allergen wie Bodenreiniger oder hohem Gras oder auf ein Inhalationsallergen wie Pollen zurückzuführen sein. Diese Allergien sind schwer in den Griff zu bekommen, da sie nicht vermieden werden können. Es gibt mehrere Behandlungsmöglichkeiten, die sich auf drei Dinge konzentrieren: Behandlung von Schüben, Vorbeugung zukünftiger Schübe und Erhaltung der Gesundheit des Fells deines Hundes. Allergien können nicht geheilt werden.

Es gibt verschiedene Tabletten, die den Juckreiz lindern können. Steroide sind bei weitem die günstigsten, haben aber erhebliche Nebenwirkungen und belasten die Leber stark. Andere Optionen regulieren die Immunantwort auf die Allergene herunter, sind aber kostspieliger.

Eine weitere Möglichkeit ist, dass dein Tierarzt eine Impfung gegen das Allergen formuliert. Diese wird in zunehmenden Abständen verabreicht, also zum Beispiel zwei Tage auseinander, dann vier, dann eine Woche usw. Diese sind für viele Hunde wirksam; die Reaktion ist jedoch nicht sofort.

Schließlich sollten Diäten mit Omega-3- und Omega-6-Fettsäuren jede Therapie ergänzen. Im richtigen Verhältnis haben sie ausgeprägte entzündungshemmende Wirkungen. Sie helfen auch, die Lipidschicht der Haut aufzubauen, um eine bessere Barriere gegen äußere Allergene zu bilden.

Ohreninfektionen

„Labradoodles mit kleinen Gehörgängen können anfällig für Ohreninfektionen sein."

Jenny Walters
Blessings Labradoodles

Labradoodles können anfällig für Infektionen des Gehörgangs sein, bekannt als Otitis externa. Unbehandelt kann sich dies auf das Mittelohr ausbreiten und weitere Komplikationen verursachen. Weil die Ohrmuschel beim Labradoodle nach unten hängt, entsteht eine warme und feuchte Umgebung im Ohr, die perfekt für das Wachstum von Hefe und Bakterien ist. In Kapitel 12 haben wir die Wichtigkeit der Ohrreinigung besprochen, besonders nach dem Schwimmen. Die Reinigung wird dazu beitragen, die Wahrscheinlichkeit einer Infektion zu verringern.

Wenn dein Labradoodle eine Ohrinfektion bekommt, wird er wahrscheinlich Anzeichen wie Kopfschütteln und Kratzen an den Ohren zeigen. Sollte sie zu einer ernsteren Infektion des Mittelohrs fortschreiten, könntest du eine Kopfschiefhaltung oder Gleichgewichtsstörungen bemerken. Ohreninfektionen sind äußerst schmerzhaft und können ernst sein, daher ist es wichtig, dass du deinen Labradoodle umgehend zu einem Tierarzt bringst. Er wird wahrscheinlich medizinische Ohrentropfen benötigen. Wenn es zu einer Mittelohrentzündung fortgeschritten ist, könnte er stattdessen für eine Ohrenspülung aufgenommen werden oder eine orale Behandlung erhalten.

Die verschiedenen Erkrankungen, für die dein Labradoodle anfällig ist, mögen überwältigend erscheinen. Doch wenn du einen gut gezüchteten Labradoodle von einem seriösen Züchter kaufst, sind die Chancen, dass er krank ist oder wird, erheblich geringer.

KAPITEL 15
Im Alter

Wenn du das Glück hattest, einen langen Lebensweg mit deinem Labradoodle zu teilen, oder du einen älteren Hund adoptiert hast, hast du das Privileg und die Verantwortung, ihn durch seine Seniorenjahre zu begleiten. Mit dem Alter steigt das Risiko für bestimmte Erkrankungen und einige Aspekte im Lebensstil deines Hundes müssen angepasst werden. Durch diese Anpassungen erhöhst du die Chancen, dass dein Labradoodle seine goldenen Jahre so gesund wie möglich verbringen kann. In diesem Kapitel betrachten wir wichtige Aspekte für die Seniorenphase im Leben deines Labradoodles und was du erwarten kannst.

Gesundheitschecks für Senioren

Als dein Labradoodle jünger war, hast du ihn wahrscheinlich einmal jährlich zum Tierarzt für eine Routineuntersuchung und seine Impfungen gebracht. Wenn dein Hund das Alter von acht Jahren erreicht, ändern sich diese jährlichen Untersuchungen und werden zu speziellen Seniorenchecks. Diese können jährlich oder halbjährlich stattfinden, je nachdem, ob dein Labradoodle mit gesundheitlichen Problemen zu kämpfen hat.

Ein Seniorencheck beginnt mit einer allgemeinen Untersuchung. Dein Tierarzt wird zunächst die Zähne kontrollieren. Diese können mit der Zeit von Zahnstein bedeckt werden, was zu Zahnfleischentzündungen führt, wie in Kapitel 12 besprochen. Als Nächstes untersucht der Tierarzt die Augen auf degenerative Prozesse wie Katarakte, Kerntrübung und Netzhautdegeneration. Die nächste Phase der Untersuchung ist besonders wichtig: Dein Tierarzt überprüft die inneren Organe. Er hört Herz und Lunge ab und tastet den Bauchraum nach Organvergrößerungen oder inneren Massen ab, die auf Krebserkrankungen hindeuten könnten – etwas, das bei älteren Hunden häufiger vorkommt als bei jüngeren. Danach wird dein Tierarzt wahrscheinlich einige tiefergehende Untersuchungen durchführen, wobei er den Blutdruck misst und überprüft, ob Nieren und Herz effektiv arbeiten. Ein allgemeines Blutbild gibt Aufschluss über die Gesundheit der inneren Organe.

Auch wenn ein Seniorencheck etwas teurer erscheinen mag, können umfassende Untersuchungen in diesem Alter langfristig Kosten sparen. Gesundheitsprobleme frühzeitig zu erkennen ist entscheidend, um deinem Labradoodle ein gesundes, langes Leben zu ermöglichen.

**Foto von
Jo Loman**

Ernährung im Alter

„Eine proteinreiche Ernährung ist für ihre optimale Funktion unerlässlich."

Robby Gilliam
Mountain View Labradoodles

Ein Seniorhund benötigt Seniorhundefutter. Das ist wichtig für deinen Labradoodle, da im Alter eine Ernährungsumstellung notwendig ist. Jede seriöse Hundefuttermarke bietet altersgerechte Nahrung an.

Ein älterer Hund ist in der Regel langsamer als ein jüngerer. Das gilt besonders für Labradoodles, die schon früh zu Gelenkproblemen neigen, wie in Kapitel 14 besprochen. Verminderte Beweglichkeit führt zu Gewichtszunahme, besonders wenn dein Labradoodle noch immer einen dem Labrador ähnlichen, ordentlichen Appetit hat! Das Gewicht deines Hundes im Normalbereich zu halten wird ihm jedoch langfristig zugutekommen, da Übergewicht Herz, Leber und Gelenke belasten kann. Seniorenfutter enthält etwas weniger Kalorien und kann so deinem Hund helfen, ein angemessenes Gewicht in dieser Lebensphase zu halten.

Seniorenhundefutter enthält in der Regel auch mehr Omega-Fettsäuren. Diese werden meist durch natürliche Zutaten wie Fisch oder ölhaltige Samen wie Leinsamen bereitgestellt. Omega-Öle sind wichtig für deinen älteren Labradoodle und bieten viele Vorteile. Erstens wirken sie ähnlich wie Entzündungshemmer. Bei Entzündungen, beispielsweise in einem arthritischen Gelenk, setzt der Körper Prostaglandine frei, insbesondere PGE2. Omega-Öle greifen in diesen chemischen Prozess ein und veranlassen den Körper stattdessen, PGE3 freizusetzen, das weniger entzündungsfördernd ist als PGE2. Dadurch wird die Entzündung in schmerzenden Gelenken oder bei anderen Entzündungsprozessen reduziert. Omega-Öle halten außerdem Gelenke, Haut, Herz, Gehirn und Augen gesund – viele dieser Bereiche neigen im Seniorenalter deines Hundes zu Degeneration.

Organverschleiß

Auch ohne spezifische Erkrankung oder Beschwerden arbeiten manche Organe im Alter einfach nicht mehr so effizient. Deshalb dienen die bereits erwähnten Seniorenchecks der Überwachung der wichtigsten Or-

Foto von
Debbie Allsopp

gane und können bei regelmäßiger Durchführung Probleme frühzeitig erkennen. Wenn gesundheitliche Probleme früh erkannt werden, können diese meist durch Ernährungsumstellung, Nahrungsergänzungsmittel, Medikamente oder andere Änderungen im Lebensstil behandelt werden.

Manchmal werden bei älteren Hunden die Herzklappen undicht. Dies kann zu Rückfluss und Stauungen bei der Blutzirkulation führen. Zu den Symptomen gehören Teilnahmslosigkeit, Ohnmacht, Husten und Kurzatmigkeit. Eine frühzeitige Behandlung mit Herzmedikamenten reduziert den Druck auf das Herz und kann die Lebenserwartung deines Hundes deutlich erhöhen.

Neben dem Herzen liegen die Lungen. Normalerweise ist das Lungengewebe recht elastisch, wodurch sich die Lungenflügel beim Ein- und Ausatmen ausdehnen und zusammenziehen können. Die Lungen eines älteren Hundes werden mit dem Alter faseriger und dehnen sich nicht mehr so gut aus. Dies kann auch zu einer verminderten Infektionsabwehr führen.

Im Bauchraum befinden sich unter anderem Magen, Darm, Nieren, Leber und Milz. Von diesen neigen besonders Leber und Nieren zu altersbedingtem Verschleiß. Beide Organe sind an der Filterung von Abfallprodukten beteiligt. Daher erweist du deinem Hund einen großen Dienst, wenn du ihn sein Leben lang hochwertig ernährt hast, da der Körper dann die Nährstoffe optimal nutzen konnte und weniger Abfallprodukte filtern musste. Die Leber ist außerdem an der Verstoffwechselung von Medikamenten beteiligt und wandelt sie in verwertbare Formen um. Dies ist wichtig zu bedenken, wenn älteren Hunden Medikamente verabreicht werden, da sie möglicherweise bestimmte Wirkstoffe nicht mehr gut verarbeiten können. Sowohl Leber- als auch Nierenverschleiß oder -versagen zeigen erst Symptome, wenn sie fortgeschritten sind. Daher sind routinemäßige Bluttests wichtig, denn diese können Nieren- oder Leberprobleme frühzeitig anzeigen, weit bevor die ersten Symptome auftauchen. Dies gibt deinem Hund die Chance auf eine gute Prognose. Anzeichen, die du bemerken könntest, sind Gewichtsverlust, Erbrechen, Appetitlosigkeit und allgemeine Trägheit.

Verlust der Sinne

Der Verlust der Sinne wird deinen Hund medizinisch nicht beeinträchtigen oder seine Lebensdauer verkürzen, kann aber seine Lebensqualität in gewissem Maße beeinflussen.

Am häufigsten verschlechtern sich Gehör und Sehvermögen. Glücklicherweise ist es sehr selten, dass ein Hund seinen Geruchssinn verliert, was

Foto von
Eileen Hawkins

gut ist, da dein Labradoodle es wahrscheinlich liebt, mit der Nase am Boden herumzulaufen und alle möglichen Gerüche aufzunehmen.

Überraschenderweise kommen Hunde ohne Sehvermögen erstaunlich gut zurecht. Wenn die Blindheit plötzlich auftritt, kann es eine Weile dauern, bis sich dein Hund anpasst. Wenn sie jedoch allmählich eintritt bemerken viele Besitzer nicht einmal, dass ihre Hunde ihr Sehvermögen ganz oder teilweise verloren haben. Die häufigsten Gründe für Sehverlust sind Katarakte und Netzhautdegeneration. Die meisten älteren Hunde entwikkeln eine Kerntrübung in ihren Linsen, die wie Katarakte aussehen kann. Aber die dadurch entstehende Trübung ist nicht undurchsichtig, und dein Hund wird noch ein gewisses Sehvermögen behalten. Wenn dein Labradoodle beginnt, sein Sehvermögen zu verlieren, dann kannst du ihm frühzeitig beibringen damit umzugehen. Labradoodles sind überaus intelligent und können auch im Alter noch neue Kommandos lernen. Das Beibringen von Kommandos wie „langsam", „warte", „dreh dich" und „halt" wird verhindern,

Foto von
Nigel Holmes

dass er in Schwierigkeiten gerät. Er wird sich auch problemlos in der Wohnung zurechtfinden, solange du die Möbel am gleichen Platz lässt, da sein Gedächtnis für räumliche Orientierung noch ausgezeichnet sein wird. Für Hunde, die ihr Sehvermögen vollständig verloren haben, gibt es Produkte wie den „Halo" oder „Bumper Collar". Dies sind flexible Reifen, die an einem Geschirr befestigt werden und den Kopf des Hundes umgeben. Der Reifen kommt mit Hindernissen in Kontakt, bevor dein Hund dagegen stößt, und kann das Selbstvertrauen eines blinden Hundes erheblich verbessern.

Hörverlust hingegen ist eine Sache, die etwas schwieriger zu bewältigen ist. Wenn du deinem Hund als Welpe Kommandos beibringst, dann verbinde immer ein Sprachkommando mit einem Handzeichen. So kann dein Hund dich auch dann noch verstehen, wenn er einen Teil seines Gehörs oder sein gesamtes Gehör verliert. Hörverlust tritt in der Regel allmählich auf und wahrscheinlich wirst du nicht bemerken, dass dein Hund sein Gehör verliert, bis der Verlust ziemlich fortgeschritten ist. Du könntest sogar denken, dass die Sturheit des Pudels durchkommt und er dich ignoriert! Leider kann nichts getan werden, um das Gehör deines Labradoodles wiederherzustellen, aber er kann auch ohne Gehör ein glückliches Leben führen. Da sein Rückruf beeinträchtigt sein wird, muss er allerdings in der Nähe von Gefahren wie im Straßenverkehr, an Steilhängen oder auf Weiden mit Vieh an der Leine gehalten werden.

Arthritis

Recht häufig entwickeln ältere Hunde Arthritis. Etwa 20 % aller Hunde über acht Jahren leiden darunter. Dies ist ein Durchschnitt über alle Hunderassen hinweg und leider sind Labradoodles und Labradore in diesen 20 % deutlich überrepräsentiert. Aus diesem Grund ist es wichtig, deinen Hund schon vor dem Einsetzen der Arthritis mit Gelenkpräparaten zu versorgen.

Das bewegliche Gelenk besteht aus sechs Komponenten: der Gelenkkapsel, dem Knorpel, dem subchondralen Knochen (unter dem Knorpel), den Bändern und Sehnen, den Nerven und Blutgefäßen sowie der Gelenkflüssigkeit. Alle sechs Komponenten sind bei Arthritis betroffen.

Die Gelenkkapsel besteht aus zwei Schichten. Die äußere Schicht ist dicht und faserig und schützt die innere Schicht. Die Membran der inneren Schicht produziert eine Substanz namens Hyaluronsäure, die die Gelenkflüssigkeit bildet. Sie ist reich an Blutgefäßen und hat viele Nervenenden.

Foto von
Beverley Roberts

Das bedeutet leider, dass an dieser Stelle Schmerzen besonders gut wahrgenommen werden.

Der Knorpel besteht aus Zellen, die Chondrozyten genannt werden, Molekülen namens Glykosaminoglykane und Kollagenfasern. Der Knorpel hat nicht viele Blutgefäße oder Nerven, daher kommen seine Nährstoffe aus der Gelenkflüssigkeit und dem subchondralen Knochen. Seine Funktion ist die eines Stoßdämpfers für das Gelenk. Er bietet auch eine glatte Oberfläche, damit das Gelenk gleiten kann. Leider kann sich Knorpel nach einer Beschädigung nicht regenerieren.

Die Gelenkflüssigkeit ist eine durchsichtige oder blassgelbe, proteinreiche Flüssigkeit, die aus Hyaluronsäure besteht. Die Funktionen der Gelenkflüssigkeit sind die Aufrechterhaltung einer konstanten Belastbarkeit, eine effiziente Wärmeleitung und Gleitfähigkeit.

Wenn ein Gelenk an Arthritis leidet, dann verschlechtert sich der Knorpel allmählich und der subchondrale Knochen wird dicker, was die stoßdämpfende Kapazität des Gelenks verringert. Außerdem verdickt sich die innere Membran und die umliegenden Bereiche werden durch die Verringerung der Blutzufuhr geschwächt. Die dicke innere Membran wächst in den Gelenkraum hinein und beginnt, am Knorpel zu haften. Infolgedessen kann die Gelenkflüssigkeit nicht mehr normal in die Poren des Knorpels fließen, was zu einer verminderten Versorgung und schließlich zur Degeneration führt.

Kurz gesagt: Das Gelenk wird äußerst schmerzhaft und verliert einen großen Teil seiner Funktion. Wenn Menschen an Arthritis denken, dann denken sie an Lahmheit. Und das ist sicherlich das Hauptsymptom, das zu sehen ist. Wenn dein Labradoodle jedoch lahmt, kann er bereits eine moderate oder schwere Arthritis haben. Daher ist es wichtig, auf frühe Anzeichen von Schmerzen zu achten.

Es gibt einige verräterische Anzeichen, auf die du achten solltest, die selbst stoische Hunde bei Schmerzen zeigen. Das erste Anzeichen ist eine Veränderung der Atmung. Hunde mit Schmerzen atmen in der Regel schneller. Die Atmung kann flach sein oder sich auch als Hecheln zeigen. Es ist leicht, dies damit zu verwechseln, dass dein Hund sich heiß oder erschöpft fühlt, aber man sollte nicht vergessen, dass Schmerzen oft dieses Symptom verursachen. Es kann auch zu Verhaltensänderungen kommen. Diese können sich in erhöhter Aggression, Vermeidung von Zuneigung, Reaktionen beim Hochheben oder allgemein passiverem Verhalten als üblich äußern. Wenn die Schmerzen sehr schlimm werden, dann kann dein Labradoodle Schwierigkeiten haben, zur Ruhe zu kommen. Sich in einer bequemen Position hinzulegen kann für einen Hund mit Schmerzen schwierig sein. Du wirst wahrscheinlich sehen, wie er sich immer wieder im Kreis dreht, bevor er sich hinlegt, und sobald er liegt, dauert es meist nicht lange bis er wieder aufsteht. Ein weiteres häufiges Anzeichen ist das Lecken der schmerzenden Stelle, möglicherweise zwanghaft. Hunde finden Trost darin, schmerzende Stellen zu lecken. Du siehst ihn vielleicht nicht aktiv lecken, aber orange oder braune Speichelflecken über den Gelenken sind ein Hinweis darauf, dass er es heimlich tut. Schließlich kann dein Hund Schwierigkeiten beim Kotabsetzen haben. Wenn er unter Rücken- oder Hüftschmerzen leidet, kann das Hocken beim Kotabsetzen sehr unangenehm sein. Er vermeidet möglicherweise das Geschäft wegen der Schmerzen und wird infolgedessen verstopft oder er nimmt eine unbequeme Position ein, um sein Geschäft zu verrichten.

Dein Tierarzt kann Arthritis leicht diagnostizieren, indem er die Gelenke auf ein Gefühl namens Krepitation überprüft. Das ist ein Knirschen, das bei der Manipulation der Gelenke zu spüren ist. Er wird vielleicht Röntgenaufnahmen machen, um das Ausmaß der Arthritis zu bestätigen, aber oft ist dies für eine Diagnose nicht notwendig.

Arthritis wird am besten mit einem multimodalen Ansatz behandelt. Das bedeutet, dass du durch die gleichzeitige Anwendung mehrerer verschiedener Strategien das beste Ergebnis erzielst.

Die meisten Besitzer erwarten, dass ihr Tierarzt Entzündungshemmer als Hauptbehandlung verschreibt. Diese Maßnahme ist sicherlich wichtig, um den Komfort deines Hundes zu verbessern, aber viele Entzündungshemmer können schwerwiegende Nebenwirkungen auf Darm, Leber und Nieren haben. Daher sind regelmäßige Bluttests, um zu überprüfen, ob die Organe mit den Medikamenten zurechtkommen, unerlässlich.

Als Nächstes solltest du der Ernährung deines Hundes ein hochwertiges Nahrungsergänzungsmittel hinzufügen. Es gibt viele auf dem Markt und es kann schwierig sein zu bestimmen, welche von guter Qualität sind und welche nicht. In der Regel bekommst du, wofür du bezahlst. Wenn du also etwas Billiges kaufst, ist es wahrscheinlich nicht von guter Qualität. Du solltest auf Inhaltsstoffe wie Glucosaminhydrochlorid (nicht Sulfat), Chondroitinsulfat, MSM, Hyaluronsäure und Omega-Fettsäuren (DHA und EPA oder Omega-3 und Omega-6) achten. Einige enthalten möglicherweise auch Grünlippmuschel. Diese Inhaltsstoffe helfen dabei, die Gelenkflüssigkeit für eine verbesserte Schmierung zu erhalten. Man wird Arthritis nie heilen, aber man kann helfen, den Krankheitsverlauf zu verlangsamen.

Schließlich wird die Behandlung von Arthritis mit komplementären Therapien dazu beitragen, den Komfort und die Fitness deines Labradoodles zu verbessern. Komplementäre Therapien sollten genau das sein: ergänzend. Sie sind nicht dazu gedacht, anstelle von Medikamenten eingesetzt zu werden, sondern helfen in Verbindung mit konventioneller Behandlung. Beispiele für Therapien sind Physiotherapie, Chiropraktik, Hydrotherapie und Akupunktur. Diese verbessern den Komfort, aber vor allem die Fitness, da diese tendenziell abnimmt, wenn ein Hund aufgrund schmerzender Gelenke nicht aktiv ist.

Abschied nehmen

Die letzten Tage im Leben deines Hundes können eine sehr emotionale Zeit sein. Manchmal ist es eindeutig und manchmal ist es vielleicht nicht so offensichtlich, wann du die Entscheidung treffen solltest. Aber unabhängig von der Situation wird dein Tierarzt dich über den Gesundheitszustand deines Hundes beraten können und dir offen sagen, wann seine Lebensqualität beeinträchtigt ist. Wenn es um die Lebensqualität geht, dann gibt es drei Fragen, die du dir stellen solltest: Will dein Labradoodle noch fressen? Wedelt er noch mit dem Schwanz und wirkt er zeitweise glücklich? Interagiert er noch mit dir? Wenn sein Zustand dich dazu bringt, diese Fragen mit Nein zu beantworten und nichts mehr getan werden kann, um sein Wohlbefinden zu verbessern, dann könnte es an der Zeit sein, über das Einschläfern nachzudenken.

Die Injektion wird von deinem Tierarzt durchgeführt. Obwohl es eine traurige Zeit ist, ist es in der Regel ein sehr friedlicher Vorgang. Dein Tierarzt wird möglicherweise damit beginnen, deinen Labradoodle zu sedieren und dann einen Katheter in die Vene seines Beins zu legen. Sobald du dich verabschiedet hast, wird eine Überdosis Narkosemittel verabreicht. Dies ist nicht schmerzhaft und versetzt das Gehirn in einen tiefen Schlaf, bevor das Herz stoppt. Es dauert nur wenige Sekunden. Dein Tierarzt wird das Herz überprüfen, um zu bestätigen, dass dein Hund verstorben ist. Die Injektion kann zu Hause, in der Tierarztpraxis oder in deinem Auto gegeben werden. Das Wichtigste ist, dass es an einem Ort geschieht, an dem sich dein Hund ruhig fühlt.

Abschied zu nehmen ist immer schwer, aber letztendlich ist es ein Akt der Liebe, das Leiden deines Hundes friedlich zu beenden. Während du dich sicherlich traurig über den Verlust deines Begleiters fühlst, solltest du versuchen, Trost in der Erinnerung an all die wunderbaren Zeiten zu finden, die du mit deinem Labradoodle hattest, und daran denken, wie viel Freude er dir über die Jahre gebracht hat.